Lothar Staeck

Biologieunterricht konkret

Arbeitsblätter für den
Zeitgemäßen Biologieunterricht

Kopiervorlagen und Lösungsblätter

Schneider Verlag Hohengehren GmbH

Umschlagfoto: Lothar Staeck

Grafik: Manfred Krüger, Berlin

Leider ist es uns nicht gelungen, die Rechteinhaber aller Texte und Abbildungen zu ermitteln bzw. mit ihnen in Kontakt zu kommen.
Berechtigte Ansprüche werden selbstverständlich im Rahmen der üblichen Vereinbarungen abgegolten.

Gedruckt auf umweltfreundlichem Papier (chlor- und säurefrei hergestellt).

Bibliografische Information der Deutschen Nationalbibliothek

Die Deutsche Nationalbibliothek verzeichnet diese Publikation in der Deutschen Nationalbibliografie; detaillierte bibliografische Daten sind im Internet über ›http://dnb.d-nb.de‹ abrufbar.

ISBN 978-3-8340-1152-7
Schneider Verlag Hohengehren, Wilhelmstr. 13, D-73666 Baltmannsweiler
Homepage: www.paedagogik.de

Alle Rechte, insbesondere das Recht der Vervielfältigung sowie der Übersetzung, vorbehalten. Kein Teil des Werkes darf in irgendeiner Form (durch Fotokopie, Mikrofilm oder ein anderes Verfahren) ohne schriftliche Genehmigung des Verlages reproduziert werden.
Die Arbeitsvorlagen dürfen für den Unterrichtsgebrauch in der jeweils benötigten Anzahl vervielfältigt werden.
© Schneider Verlag Hohengehren, D-73666 Baltmannsweiler 2013.
Printed in Germany. Druck: Djurcic, Schorndorf

Inhaltsverzeichnis

Vorwort

Technische Hinweise

1 Ökologie und Umwelt

AB	1	Können Regenwürmer riechen?
AB	2	Ökologie contra Ökonomie am Beispiel des Kormorans
AB	3	Vokabelfallen im Verhältnis Mensch – Natur
AB	4	Erfinde die ideale Stadtpflanze
AB	5	Erfinde das ideale Insekt
AB	6	Inversionswetterlage und Luftbelastung
AB	7	Straßenbäume sterben leise
AB	8	Umweltinterpretation 1: Parkanlage
AB	9	Umweltinterpretation 2: Wohnstraße
AB	10	Umweltinterpretation 3: Stadtansicht
AB	11	Was Bäume aus der Luft filtern
AB	12	Nahrungsketten
AB	13	Lernen und Lärm 1
AB	14	Lernen und Lärm 2
AB	15	Auswertung des Lärmtests

2 Anpassung und Verhalten

AB	1	Was wir für Lernprozesse benötigen
AB	1a	Welcher Lerntyp bist Du?
AB	2	Fische in ihrem Lebensraum u. b. B. ihrer Anpassung an das Wasser
AB	3	Schlüsselreize beim Menschen
AB	4	Verhaltensbeobachtungen an der Labormaus
AB	5	Beobachtungen von angeborenem und erlerntem Verhalten am Beispiel der Labormaus 1
AB	6	Beobachtungen von angeborenem und erlerntem Verhalten am Beispiel der Labormaus 2
AB	7	Protokollbogen „Wand oder Rand"?
AB	8	Beobachtungen von angeborenem und erlerntem Verhalten am Beispiel der Mongolischen Rennmaus
AB	9	Beobachtungen von angeborenem und erlerntem Verhalten am Beispiel der Mongolischen Rennmaus: Auswertung
AB	10	Reiz-Reaktionskette beim Stichling
AB	11	Schlüsselreize beim Kampffisch
AB	12	Verhaltensbeobachtungen bei Maulbrütern
AB	13	Wahlverhalten beim Schneckenbuntbarsch 1
AB	14	Wahlverhalten beim Schneckenbuntbarsch 2
AB	15	Anpassung der Fische an den Lebensraum Wasser: Schwimmen
AB	16	Anpassung der Fische an den Lebensraum Wasser: Schweben
AB	17	Anpassung der Fische an den Lebensraum Wasser: Fortpflanzung
AB	18	Anpassung der Fische an den Lebensraum Wasser: Kiemen
AB	19	Anpassung der Fische an den Lebensraum Wasser: Kiemenmodell

AB	20	Anpassung der Fische an den Lebensraum Wasser: Test
AB	21	Verhaltensbeobachtungen am Orangefleck-Maulbrüter

3 Arbeitstechniken

AB	1	Bau eines Einlinsen-Mikroskops
AB	2	Die menschliche Mundschleimhaut
AB	3	Feuchtigkeitsregulierung des Laubblattes
AB	4	Sektion des Tintenfisches (Gemeiner Kalmar) 1
AB	5	Sektion des Tintenfisches (Gemeiner Kalmar) 2
AB	6	Abhängigkeit des Frosches von der Außentemperatur

4 Genetik

AB	1	Entwicklung eines Teilstammbaumes aus der Gruppe der „Caminculus"
AB	2/1	Befruchtung im Reagenzglas
AB	2/2	Befruchtung im Reagenzglas
AB	3	DNA 1
AB	4	DNA 2

5 Gesundheit

AB	1	Gesundheitskreis
AB	2	Risiken des täglichen Lebens
AB	3	Für wen ist das Risiko am größten?
AB	4/1	Haut und Sonne
AB	4/2	Wie die Haut bräunt
AB	5	Wie Lichtschutzfaktoren von Sonnenschutzpräparaten wirken
AB	6	Rauchen und Gesundheit 1
AB	7	Rauchen und Gesundheit 2
AB	8	Einschätzung der eigenen Gesundheit
AB	9	Szenario: Ernährung und Gesundheit
AB	10	Risikofaktoren menschlicher Gesundheit: Einsatz des Papier-Computers
AB	11	Assoziationen zur Gesundheit

6 Drogen

AB	1	Alkohol ist doch gar nicht so schlimm (Farbe rot)
AB	2	Alkohol ist doch gar nicht so schlimm (Farbe weiß)
AB	3	Alkohol ist doch gar nicht so schlimm (Farbe schwarz)
AB	4	Alkohol ist doch gar nicht so schlimm (Farbe gelb)
AB	5	Alkohol ist doch gar nicht so schlimm (Farbe grün)
AB	6	Alkohol ist doch gar nicht so schlimm (Farbe blau)
AB	7	Alkohol ist doch gar nicht so schlimm (Materialbogen)
AB	8	Verführung zum Alkoholtrinken
AB	9	Prost!
AB	10	Sucht hat viele Gesichter
AB	11	Zukunftswerkstatt: Kritikphase
AB	12	Zukunftswerkstatt: Utopiephase
AB	13	Zukunftswerkstatt: Realisierungsphase

7 Sexualität

AB 1 Empfängnisverhütung 1
AB 2 Empfängnisverhütung 2
AB 3 Empfängnisverhütung 3
AB 4 Schwangerschaftsabbruch
AB 5 Pornografie
AB 6 Ausgesprochen unaussprechlich
AB 7 Typisch männlich – typisch weiblich 1
AB 8 Typisch männlich – typisch weiblich 2
AB 9 Bau eines Liebeshauses
AB 10 Fragebogen zur Sexualität
AB 11 Leserbriefe an die „Bravo"
AB 12 Was ist für Dich „Liebe"?

8 Lösungen

Lösungen zum Kapitel 1 „Ökologie und Umwelt"
Lösungen zum Kapitel 2 „Anpassung und Verhalten"
Lösungen zum Kapitel 3 „Arbeitstechniken"
Lösungen zum Kapitel 4 „Genetik"
Lösungen zum Kapitel 5 „Gesundheit"
Lösungen zum Kapitel 6 „Drogen"
Lösungen zum Kapitel 7 „Sexualität"

Hintergrundinformationen finden Sie im Band „Zeitgemäßer Biologieunterricht"

Technische Hinweise

Auf der beigefügten CD-ROM sind alle Arbeitsbögen und Lösungen als PDF-Dateien enthalten. Die PDF-Dateien sind mit dem kostenlos auf der CD-ROM angebotenen Programm Adobe®Reader lesbar und können ausgedruckt, aber nicht bearbeitet werden.

Systemvoraussetzungen: PC mit CD-ROM-Laufwerk; – Windows®2000, XP, Vista; – Microsoft® 2000 oder höhere Version; – Adobe®Reader wird mitgeliefert. – Mac mit CD-ROM-Laufwerk; – Mac OS X® ab Version 2001; Microsoft®-Word 2004 oder höhere Version; – Adobe®Reader wird mitgeliefert.
Start: Die CD-ROM startet automatisch nach Einlage in das CD-ROM-Laufwerk. Sollte das nicht der Fall sein, dann starten Sie im CD-ROM-Verzeichnis die Datei „start.exe" bzw. index.htm mit einem Doppelklick.
Mit dem Erwerb dieses Bandes ist der Erwerber berechtigt, die Arbeitsbögen als Kopiervorlagen für seinen Unterricht zu verwenden.

Vorwort

Die in diesem Arbeitsheft zusammengestellten Materialien ermöglichen einen ganz praktischen, an den Interessen der Heranwachsenden orientierten Biologieunterricht. Die 85 Arbeitsbögen sind in sieben Kapitel zusammengefasst, die eine Reihe grundlegender biologieunterrichtlicher Themenfelder der 16 deutschen Bundesländer abdecken: Ökologie und Umwelt, Anpassung und Verhalten, Genetik, Gesundheit und Sexualität. Darüber hinaus ist in Anbetracht der aktuellen gesellschaftlichen Verhältnisse ein eigenes Kapitel „Sucht" mit einer Reihe von Arbeitsbögen vertreten. Schließlich ist auch den Arbeitstechniken des naturwissenschaftlichen Unterrichtes ein Kapitel gewidmet, da ihre Anwendung auch außerhalb der Schule für eine erfolgreiche Lebensbewältigung immer wichtiger wird.

Arbeitsbögen dürfen nicht um ihrer selbst willen eingesetzt werden. Vielmehr sind sie in den Erarbeitungsprozess der Unterrichtsstunde harmonisch einzubinden. Das bedeutet, dass in der Regel zuerst die Problemstellung und die Hypothesen formuliert werden. Daran anschließend wird diskutiert, welches Vorgehen zur Überprüfung der Hypothesen angemessen bzw. erforderlich ist. An dieser Stelle kann dann der Arbeitsbogen zum Einsatz gelangen. Mehr zu dieser Thematik erfährt der Leser in meinem Band „Zeitgemäßer Biologieunterricht". Bei der Gestaltung der Arbeitsbögen wurde besonderer Wert darauf gelegt, dass sich die Schüler in einer aktiv-handelnden Auseinandersetzung mit den Arbeitsaufträgen selbständig

- Informationen beschaffen,
- Informationen darstellen und verarbeiten sowie
- Informationen deuten

können. Dadurch erwerben sie praktische Erfahrungen, die unserem zunehmend globalisierten und immer komplexeren Leben von großer Bedeutung sind.

Im Einzelnen
- erlangen die Schüler Fähigkeiten und Fertigkeiten, die es ihnen ermöglichen, biologische Aufgaben und Probleme ihrer Umwelt selbständig anzugehen;
- gewinnen sie Einblick in die Methoden naturwissenschaftlichen Arbeitens sowie in ihre Leistungsfähigkeit und Grenzen;
- werden sie vertraut im Umgang mit Geräten;
- werden sie durch die Anwendung von Arbeitsweisen und Arbeitstechniken zur kritischen Urteilsbildung über naturwissenschaftliche Arbeitsergebnisse befähigt;

- üben sie sich zusammen mit ihren Mitschülern in kooperierenden Arbeitsweisen, wodurch sie grundlegende soziale Verhaltensdispositionen erwerben, die sie teamfähig machen;
- entwickeln sie schließlich im Laufe der Zeit eine Arbeitshaltung, die durch Genauigkeit und Sorgfalt gekennzeichnet ist.

Das didaktische Konzept, das den Arbeitsbögen zugrunde liegt, orientiert sich durchgehend am problemorientierten Biologieunterricht, bei dem im Mittelpunkt des Unterrichtsgeschehens häufig eine „Frage an die Natur" steht. Auf diese Weise werden bestimmte Ausschnitte der Natur (z. B. Phänomene, morphologische, anatomische oder ökologische Besonderheiten, besondere Lebensumstände oder Verhaltensweisen) in den Fragehorizont der Schüler gebracht. Hierdurch erreicht der Unterrichtende, dass seine Schüler sukzessive ein eigenes Problembewusstsein entwickeln. Dieses ist zusammen mit einer verinnerlichten Fragehaltung ein wichtiges Instrumentarium für eine erfolgreiche Bewältigung unserer immer komplexeren Lebenswelt.

Am Ende des Arbeitsheftes ist in einer Tabelle zusammengefasst, auf welchen Seiten des „Zeitgemäßen Biologieunterrichtes" (Schneider Verlag Hohengehren, 7. Aufl. 2010) der Leser für jeden einzelnen Arbeitsbogen Hintergrundinformationen und didaktische Erläuterungen findet.

Schließlich sei noch angemerkt: Wenn im Text aus stilistischen Gründen und zur besseren Lesbarkeit vom „Lehrer" oder „Schüler" die Rede ist, dann sind stets auch „Lehrerinnen" und „Schülerinnen" gemeint, es sei denn, es wird ausdrücklich auf geschlechtsdifferente bzw. geschlechtshomogene Besonderheiten hingewiesen.

Lothar Staeck

Kapitel 1

Ökologie und Umwelt

Können Regenwürmer sehen und riechen?

AB 1

Achtung: Legt den Wurm nach jedem Versuch kurz in die Petrischale mit dem angefeuchteten Filterpapier! Austrocknungsgefahr!!!

Versuch 1:
1. Nehmt ein Stück Papier und faltet es wie ein Dach.
2. Stülpt das Dach über das Vorderende des Wurms und beleuchtet mit der Lampe das Hinterende. Was beobachtet Ihr?
3. Bedeckt sowohl das Hinterende als auch das Vorderende des Wurms mit einem Dach und beleuchtet die Mitte. Was beobachtet Ihr?

Versuch 2:
Legt den Wurm auf den Tisch und beleuchtet das Vorderende. Richtet den Strahl der Lampe so aus, dass er nur auf den Kopf fällt, aber immer aus einer anderen Richtung kommt (von oben, von unten, von rechts, von links). Was beobachtet Ihr?

Versuch 3:
Tränkt je ein Wattestäbchen mit Essig oder Zitronensäure. Bringt dieses Wattestäbchen in die Nähe des Vorder- und Hinterende des Wurms. Berührt jedoch nie den Wurm! Wiederholt den Versuch mit einem wassergetränkten Wattestäbchen. Was beobachtet Ihr?

Ökologie contra Ökonomie am Beispiel des Kormorans

AB2

Wer spielt seine Rolle überzeugender?

Beteiligte am Rollenspiel	Punkte
Geschäftsführer der Edelfisch GmbH	
Referatleiter für Artenschutz im Umweltministerium	
Hobby-Ornithologie	
Anwohner der Kormoran-Kolonie	
Vertreter des BUND (Bund für Naturschutz in Deutschland)	
Hausfrau	

Du kannst bis zu 12 Punkte vergeben!

Warum werden Kormorane häufig als „Seeraben" oder „Fischräuber" verunglimpft?

Vokabelfallen im Verhältnis Mensch - Natur

AB 3

	Beschreibe die in diesen Begriffen zum Ausdruck kommende Sichtweise	Erfinde einen Begriff, der die ökologischen Zusammenhänge deutlich macht und eine ganzheitliche Sicht eröffnen
Unkraut		
Schädling		
Ungeziefer		
Untier		
Ungeheuer		
Raubtier		
Raubfisch		
Raubvogel		
Killerwal		
Mörderbienen		
Abfall		
Unrat		
Ödland		
Pflanzenschutzmittel		

Erfinde die ideale Stadtpflanze

AB 4

Gesucht wird eine Pflanze, die an die zahlreichen lebensfeindlichen Bedingungen der Innenstadt besonders gut angepasst ist. Solche Bedingungen sind z. B.

- viel Verkehr (Reifen- und Fußabdrücke);
- wenig Niederschlag;
- Niederschlag fließt schnell ab;
- Geringe Luftfeuchtigkeit;
- viele Feinde:
- wenige Insekten;
- der Boden ist hart und oft durch Beton und Steine fast völlig verdeckt

Arbeitsanweisung:

1. Erfinde die ideale Stadtpflanze
2. Verwende folgende Bestandteile einer einjährigen Sprosspflanze, wie Blätter, Blüte, Stängel, Wurzel. Diese kannst du verändern und den Bedingungen der Stadt anpassen!
3. Fertige eine große Zeichnung an, die alle Einzelheiten zeigt.
4. Erfinde einen passenden Namen für Deine Pflanze, den du als Überschrift verwendest.
5. Beschreibe, welche besonderen Merkmale Deine Pflanze hat, z. B. wie sie sich ernährt, wie sie den widrigen Bedingungen trotzt usw.
6. Gib folgenden Pflanzen einen Phantasienamen, der ihr Erscheinungsbild besser wiedergibt als ihr richtiger Name: Gänseblümchen, Löwenzahn, Moos, kriechender Hahnenfuß, Spitzwegerich
7. Erkläre abschließend das Sprichwort: „Unkraut vergeht nicht!"

Bedingung für die Bearbeitung der Aufgabe:

Die angegebenen Grundmerkmale der Blütenpflanze darf nicht verändert werden (siehe Skizze)!

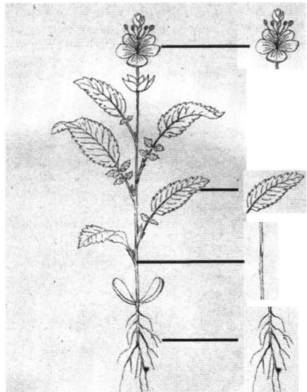

Erfinde das ideale Insekt

AB 5

Gesucht wird ein Insekt, das an einen beliebigen Lebensraum besonders gut angepasst ist.

Arbeitsanweisung:

1. Erfinde das ideale Insekt
2. Suche einen Lebensraum aus, der dir für die Erfindung dieses Insektes besonders geeignet erscheint.
3. Die beiliegende Skizze zeigt dir alle Körpermerkmale eines Insektes. Diese müssen in dem von dir zu erfindenden Insekt wieder erscheinen. Du kannst sie jedoch verändern und den besonderen Bedingungen deines ausgewählten Lebensraumes anpassen!
4. Fertige eine große Zeichnung an, die alle Einzelheiten zeigt. Erfinde einen passenden Namen für Dein Insekt, den du als Überschrift verwendest.
5. Beschreibe, welche besonderen Merkmale Dein Insekt hat, z. B. wie es sich ernährt, wo es lebt, wie es sich verteidigt usw.

Bedingung für die Bearbeitung der Aufgabe:

Die angegebenen Grundmerkmale des Insektes dürfen nicht verändert werden (siehe Skizze)!

Körpergliederung: Kopf, Rumpf, Hinterteil

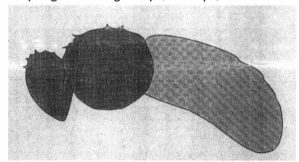

Inversionswetterlage und Luftbelastung

AB 6

„**Inversion**" nennen die Meteorologen das Wetter, bei dem eine warme Luftschicht kalte Luft am Boden festhält; die **Umkehrung** der Temperaturverhältnisse verhindert den sonst üblichen Aufstieg der wärmeren Luft am Boden in die kälteren Regionen in größerer Höhe. Hinzu kommen Windstille bzw. nur ganz geringe Windgeschwindigkeit und kein Niederschlag.

Praktisch sah das gestern so aus: Als um 11 Uhr 30 der Wetterballon mit der Messsonde aufgelassen wurde, wurden folgende Temperaturen gemessen

- in 1,5 Meter Höhe +4,0 °C
- in 155,0 Meter Höhe +2,0 °C und
- in 430,0 Meter Höhe, +5,5 °C, der Obergrenze der wärmeren Inversionsschicht
- in 600,0 Meter Höhe +1,0 °C.

Dazu wehte der Wind mit nur 0,7 m/s. Dieses „Inversionswetter" herrscht bei bestimmten Wetterverhältnissen wie z. B. Überlagerung der unteren Luftschichten durch eine wärmere Luftschicht sowie fehlendem Niederschlag.

Was bedeutet eine solche Wetterlage für die Menschen?

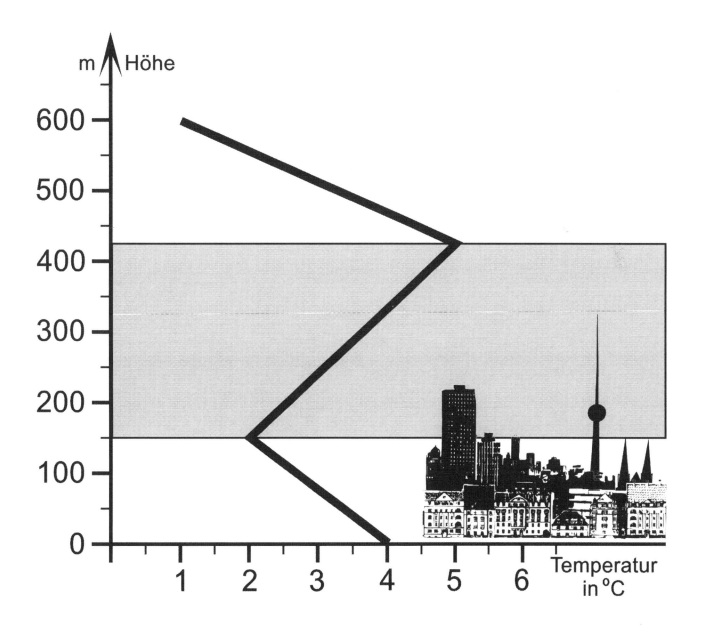

Straßenbäume sterben leise

AB 7

Vergleich zweier Bäume unterschiedlicher Standorte
Beobachtungsprotokoll

	Baum Nr. 1	Baum Nr. 2
1. Name der Baumart 2. Zeitpunkt der Untersuchung		
3. Standortbeschreibung: a) Lage b) Autoverkehr c) unmittelbare Umgebung		
4. Gesamteindruck des Baumes		
5. Allgemeine Merkmale a) des Stammes b) der Äste c) der Blätter		
6. Zusammenfassung der Beobachtungsergebnisse		

Umweltinterpretation 1

AB 8

Markiere die unterschiedlichen Flächen der Abbildung entsprechend ihrer Eignung als Lebensraum für Tiere und Pflanzen:

Sehr gut	gut	mäßig	gering	ungeeignet
O	O	O	O	O
dunkelgrün	hellgrün	gelb	orange	rot

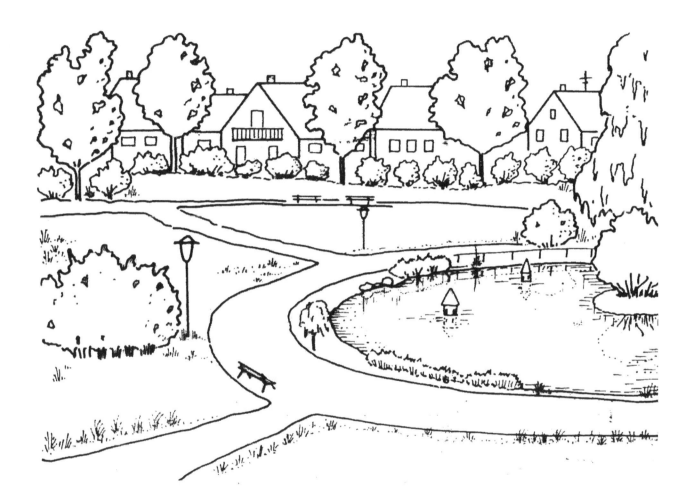

Umweltinterpretation 2

AB 9

Markiere die unterschiedlichen Flächen der Abbildung entsprechend ihrer Eignung als Lebensraum für Tiere und Pflanzen:

Sehr gut	gut	mäßig	gering	ungeeignet
O	O	O	O	O
dunkelgrün	hellgrün	gelb	orange	rot

 **Umweltinterpretation 3**

AB 10

Markiere die unterschiedlichen Flächen der Abbildung entsprechend ihrer Eignung als Lebensraum für Tiere und Pflanzen:

Sehr gut	gut	mäßig	gering	ungeeignet
O	O	O	O	O
dunkelgrün	hellgrün	gelb	orange	rot

Was Bäume aus der Luft filtern

AB 11

1. Pflücke drei Blätter von den Triebenden des Baumes/Strauches.

2. Beklebe jeweils die Blattoberseite streifenweise mit transparenten Klebestreifen (Tesafilm) gemäß Skizze. Drücke die Streifen an!

3. Ziehe die Streifen der Reihe nach ab und klebe sie in der ursprünglichen Anordnung auf eine Seite Papier.

4. Beschrifte die Proben folgendermaßen: Datum, Pflanzenname, Fundort, Wetterlage.

5. Verfahre mit den beiden anderen Blättern ebenso.

<u>Arbeitsmaterial</u>: Weiße A 4-Seiten, transparente Klebestreifen, Schreibzeug

BIOLOGIE Ökologie — Nahrungsketten

AB 12

1. Stelle von den nachfolgend aufgezählten Organismen Paare zusammen, die untereinander eine Nahrungsbeziehung aufweisen:

   Organismenarten: Hecht, Möwe, Algen, Plötze, Wasserfloh, Barsch, Gelbrandkäferlarve, Mensch

2. Trage die Namen so in die Kästchen ein, dass eine mögliche Reihenfolge von Fressen und Gefressenwerden entsteht. Gib durch Wirkungspfeile (⟶) an, zwischen welchen Organismenarten eine direkte Beziehung besteht (Pfeilspitze zeigt dem Weg der Nahrung folgend zum Verzehrer).

   Organismenarten: Hecht, Möwe, Grünalgen, Gründling, Wasserfloh, Barsch,

   ☐ ☐ ☐ ☐ ☐ ☐

3. Ordne die folgenden Organismen so, dass ein Beziehungsgefüge in Form eines Pfeildiagramms entsteht. Vergiss nicht, die Pfeile zu setzen!

   Organismenarten: Meise, Blatt, Greifvogel, Raupe

   ☐ ☐ ☐ ☐

4. Welche Lebewesen stellen immer die „Endverbraucher" von Beziehungsgefügen dar?

5. Welches ist ein Beziehungsgefüge in der richtigen Reihenfolge?

   a) Kiefer   Eichhörnchen   Specht   Pilz   O
   b) Forelle   Hecht   Karpfen   Ente   O
   c) Möhre   Feldmaus   Wiese   Bussard   O

Lernen und Lärm 1

AB 13

Fragestellung: Beeinträchtigt Lärm das Lernverhalten?

Versuch 1: Lernen in Ruhe

Achtung: Absolute Ruhe im Klassenzimmer!

1. Versuche, möglichst viele der aufgeführten Wörter so zu lernen, dass Du sie nach Beendigung des Versuchs aufschreiben kannst. Du hast dafür 3 Minuten Zeit.

Lehrer projiziert Kasten, linke Seite. Ein Protokollant stoppt die Zeit.

2. Notiere Deine Lernergebnisse

Versuch 2: Lernen mit lauten Störgeräuschen

1. Versuche, möglichst viele der aufgeführten Wörter so zu lernen, dass Du sie nach Beendigung des Versuchs aufschreiben kannst. Du hast dafür 3 Minuten Zeit.
Lehrer projiziert Kasten, rechte Seite und schaltet gleichzeitig die Lärmkulisse (Flugzeug/Verkehrslärm) ein. Während der nachfolgenden Niederschrift bleibt die Lärmquelle eingeschaltet.

Auswertung:
Kontrolliert paarweise eure Lernergebnisse bei Versuch 1 und 2. Tragt die Ergebnisse in die Tabelle des AB 14 ein.

Füllt abschließend mit Hilfe des Lehrers den Auswertungsbogen zum Lärmtest (AB 15) aus, indem ihr alle Schülerergebnisse in die Tabelle einträgt. Vergesst nicht die Differenz, die Summe und den Durchschnitt zu errechnen.

Versuch 1 (in Ruhe)			Versuch 2 (mit Störgeräuschen)		
Stuhl	rot	warten	Haus	langsam	kochen
Baum	schnell	hoffen	Stern	hoch	reisen
Katze	warm	kaufen	Auto	gelb	vermuten
Kreis	eng	singen	Kerze	hart	spielen
Hammer	weit	hören	Sand	neu	freuen
Tasche	ängstlich	ziehen	Wolke	gerade	holen
Nelke	heiter	rufen	Biene	einfach	schieben
Ofen	trocken	sagen	Schuh	spitz	atmen
Stein	laufen		Wasser	lernen	
Sonne	beschreiben		Papier	schlafen	

Lernen und Lärm 2

AB 14

Fragestellung: Beeinträchtigt Lärm das Lernverhalten?

<u>Auswertung:</u>
Kontrolliert paarweise eure Lernergebnisse bei Versuch 1 und 2. Tragt die Ergebnisse in die Tabelle ein.

Anzahl der gelernten Wörter (in Ruhe)	Anzahl der gelernten Wörter (bei Lärm)	Differenz

Auswertung des Lärmtest

AB 15

Auswertungsbogen zum Lärmtest

Klasse: Uhrzeit: Datum:

Schüler Nr.	Anzahl der gelernten Wörter (in Ruhe)	Anzahl der gelernten Wörter (bei Lärm)	Differenz
1			
2			
3			
4			
5			
6			
7			
8			
9			
10			
11			
12			
13			
14			
15			
16			
usw.			
Summe			
Durch-schnitt			

Kapitel 2

Anpassung und Verhalten

Was wir für Lernprozesse benötigen

AB 1

Jeder Schüler erhält ein Blatt Papier mit folgenden Arbeitsaufträgen:

1. Beschreibe in Stichworten einen Lernprozess, den Du in jüngster Zeit erlebt hast:	2. Wie hast du dich danach gefühlt?
3. Was möchtest Du demnächst eigenständig lernen?	4. Was benötigst du dafür?

Welcher Lerntyp bist Du?

AB1a

In der Abbildung sind verschiedene Lernfähigkeiten des Menschen folgendermaßen angeordnet:
- Auf der linken Kreisseite sind die auf der linken Gehirnhälfte lokalisierten Eigenschaften eingetragen;
- auf der rechten Kreisseite sind die auf der rechten Gehirnhälfte lokalisierten Eigenschaften eingetragen.

Arbeitsauftrag:

1. Nimm dir der Reihe nach die einzelnen Begriffspaare vor (z. B. kognitiv - affektiv) und entscheide für dich persönlich, ob deine Stärken eher im logisch-abstrakten Erkenntnisgewinn (also kognitiv) liegen oder eher gefühlsbetont orientiert sind. Markiere dies auf dem Radius durch zwei Kreuze folgendermaßen:
Die Linie (= Radius) zwischen einem Begriff und dem Kreiszentrum beträgt 100 %; gezählt wird vom Zentrum, das 0 % bedeutet. Entsprechend markieren die Hilfslinien von innen nach außen jeweils Abstände von 20 %.

Wenn du dich in deinem Lernverhalten z. B. 80 % kognitiv und 20 % affektiv einschätzt, muss das eine Kreuz (= 80 % kognitiv) am 4. Hilfskreis vom Zentrum aus gesetzt werden und das andere Kreuz (= 20 % affektiv) am 1. Hilfskreis vom Zentrum aus gesehen Richtung „affektiv" gesetzt werden. Beide Prozentzahlen müssen müssen zusammen stets 100 % ergeben.
2. Wenn du alle Begriffspaare doppelt markiert hast, verbinde alle Kreuze durch eine Linie, so dass du einen „gezackten Stern" erhältst. Dieser stellt deine **Lernfähigkeit** bildlich dar. Du könntest z. B. ungleichmäßige Zacken erkennen oder eine Links- oder auch Rechtslastigkeit der Zacken.
3. Interpretiere dein Profil! Welche Folgerungen kannst du daraus für dein ´zukünftiges Lernverhalten ableiten?
Siehe die Begriffserläuterungen auf dem Auswertungsbogen!

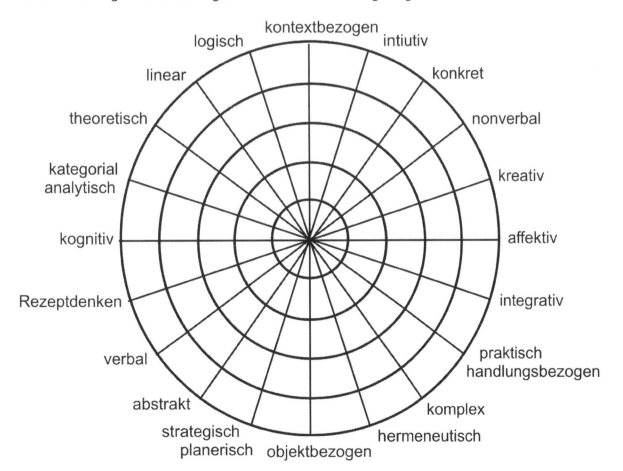

BIOLOGIE Verhalten
Fische in ihrem Lebensraum u. b. B. ihrer Anpassung an das Wasser

AB 2

**Achtung: Bitte das Glas nicht bewegen und nicht an die Scheibe klopfen!
(ungestörte Beobachtung)**

Beobachtungsaufgaben (Beispiel Guppy):

A. Bau des Fisches

1. Zeichne den Fisch so genau wie möglich
   (mit Bleistift; Größe der Zeichnung mindestens 10 cm)!
2. Zähle die Merkmale auf, die auf die Anpassung des Fisches an seinen Lebensraum hindeuten!
3. Stelle fest, welche Sinnesorgane der Fisch besitzt. Schreibe auf!

B. Bewegung des Fisches
   1. Welche Flossen bewegt der Fisch?
      a) beim Vorwärtsschwimmen
      b) beim »Stehen« im Wasser
      c) beim Bremsen
   2. Beobachte genau den Kopf des Fisches!
      a) Welche Teile bewegen sich?

Schlüsselreize beim Menschen

AB 3

Experiment 1

<u>*Achtung*</u>*: Während des Experimentes dürfen die Versuchspersonen nicht durch Bemerkungen gestört werden*

1. Beobachte und vergleiche die Reaktionen der Versuchspersonen. Trage die Ergebnisse in die Tabelle ein.

Anzahl der Versuchspersonen	Wahl des Meerschweinchens	Wahl des Frosches

Ergebnis:

2. Nenne Gründe für die Bevorzugung!

Experiment 2

1. Kreuze in jeder Zeile diejenige Kopfform an, die dich mehr anspricht!

Ergebnis:

2. Welcher Zusammenhang besteht zwischen den Ergebnissen beider Experimente?

3. Welche Merkmale der Kopfformen haben das Ergebnis beeinflusst?

4. Die heraus gearbeiteten Merkmal werden als .... bezeichnet.

Verhaltensbeobachtungen an der Labormaus

AB 4

1. Beschreibe den Körperbau der Labormaus!

2. Beschrifte die Skizze!

Beschreibung:

_____
_____
_____
_____
_____
_____

3. Erstelle ein Beobachtungsprotokoll der Verhaltensweisen der Labormaus (Zeitdauer 10 Minuten) nach folgendem Muster:

Laufende Nr. der Beobachtung	Beobachtetes Verhalten

Beobachtung von angeborenem und erlerntem Verhalten am Beispiel der Labormaus

AB 5

Welchen Weg nimmt die Maus?

A. Der Weg der Maus auf der offenen Tischplatte

1. Wo wird sich die Maus am häufigsten aufhalten? Formuliere deine Hypothese!

2. Zeichne den Weg der Maus mit einem Bleistift nach!

B. Der Weg der Maus auf der Tischplatte mit Schuhkarton.

1. Wo wird sich die Maus nunmehr am häufigsten aufhalten? Formuliere deine deine Hypothese!

2. Zeichne den Weg der Maus mit dem Bleistift nach.

BIOLOGIE Verhalten
Beobachtung von angeborenem und erlerntem Verhalten am Beispiel der Labormaus

AB6

Wo ist der bevorzugte Aufenthaltsort der Maus: Wand oder Rand?

Mit diesem Experiment sollt Ihr herausfinden, ob sich die Maus eher an der Wand oder am Rand der Holzplatte aufhält.

Versuchsaufbau:
Jede Gruppe erhält eine Maus, eine Holzplatte mit aufgetragenen Quadraten, eine Wandbegrenzung, für jeden Schüler ein Protokollbogen.

Arbeitsanweisungen:

1. Stellt die Holzplatte so auf den Tisch, dass die eine Hälfte von der Wandbegrenzung umgeben ist und die andere Hälfte an allen Seiten über den Tisch hinaus ragt (siehe Skizze).

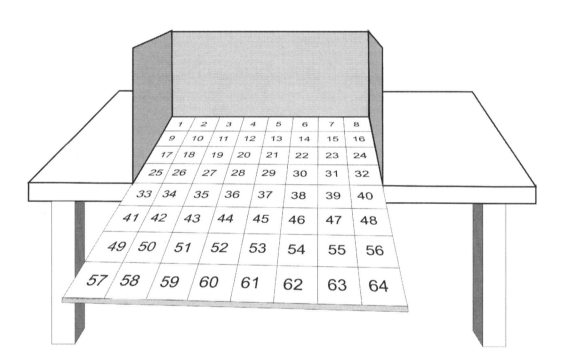

2. Setzt anschließend die Maus auf das Kästchen 36/37!
   1. Ein Schüler sagt halblaut die Sekunden an, ein weiterer sagt alle drei Sekunden die Nummer des besetzten Feldes an, die von einem anderen Schüler notiert wird. Beendet bitte nach 5 Minuten das Experiment.
   2. Die übrigen Schüler der Gruppe tragen für jede Meldung das Ergebnis in den Protokollbogen (AB 7) ein, indem sie für jeden Messwert einen Strich machen. Bei einer Versuchsdauer von 5 Minuten erhaltet ihr 100 Messwerte.
   3. Setzt bitte nach Beendigung des Versuches die Maus in ihren Käfig und reinigt den Boden der Holzplatte mit einem feuchten Tuch.

BIOLOGIE Verhalten

Beobachtung von angeborenem und erlerntem Verhalten am Beispiel der Labormaus

AB 7

Protokollbogen „Wand oder Rand"?

1	2	3	4	5	6	7	8
9	10	11	12	13	14	15	16
17	18	19	20	21	22	23	24
25	26	27	28	29	30	31	32
33	34	35	36	37	38	39	40
41	42	43	44	45	46	47	48
49	50	51	52	53	54	55	56
57	58	59	60	61	62	63	64

Auswertung:
Berechnet, wie lange sich die Maus an der Wand, am Rand bzw. auf der freien Fläche aufgehalten hat:
- Folgende Felder zählen zur Wand: 1-8, 9,16, 17, 24, 25, 32
- Folgende Felder zählen zum Rand: 33, 40, 41, 48, 49, 56, 57-64
- Folgende Felder zählen zur freien Fläche: alle übrig gebliebenen Felder

	Wand	Rand	Freie Fläche
Anzahl der Striche			
Umrechnung in Sekunden (Anzahl der Striche mal 3)			
Berechnung der durchschnittlichen Aufenthaltsdauer in Sekunden (für die Wand und den Rand durch 14 teilen, für die freien Flächen durch 36 teilen)			

| Beobachtung von angeborenem und erlerntem Verhalten am Beispiel der Mongolischen Rennmaus 1 | | AB 8 |

Experiment mit der Mongolischen Rennmaus am Hochlabyrinth

Arbeitsanweisungen:

1. Das Experiment besteht aus insgesamt 10 Durchläufen.

2. Setzt das Versuchstier auf den Startpunkt, und stoppt die Dauer des Durchlaufs bis zum Zielpunkt! Wischt nach jedem Durchlauf den Laufsteg mit einem feuchten Lappen ab!

3. Zählt die Anzahl der Fehler pro Durchlauf!
4. Tragt beide Ergebnisse in das unten aufgezeichnete Protokollschema ein!

5. Denkt daran, dass Eure Rennmaus nach jedem Durchlauf mit etwas Futter belohnt wird(Gruppe 1) bzw. etwas Zeit erhält, damit sie in ihr Nest schlüpfen kann (Gruppe 2)!

6. Übertragt die Ergebnisse des Experimentes in das Koordinatensystem (AB 9).

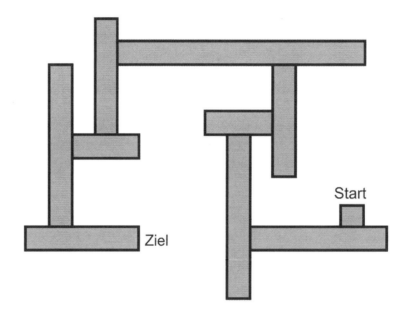

Versuchs-Nr.:										
Fehler										
Zeit (Min.)										
(Sek.)										

Beobachtung von angeborenem und erlerntem Verhalten am Beispiel der Mongolischen Rennmaus 2

AB 9

Experiment mit der Mongolischen Rennmaus am Hochlabyrinth

Auswertung:

Übertrage die Ergebnisse des Experimentes in das Koordinatensystem, indem du die Fehlerzahl pro Versuch durch ein x markierst und anschließend alle Markierungen zu einer Kurve verbindest.

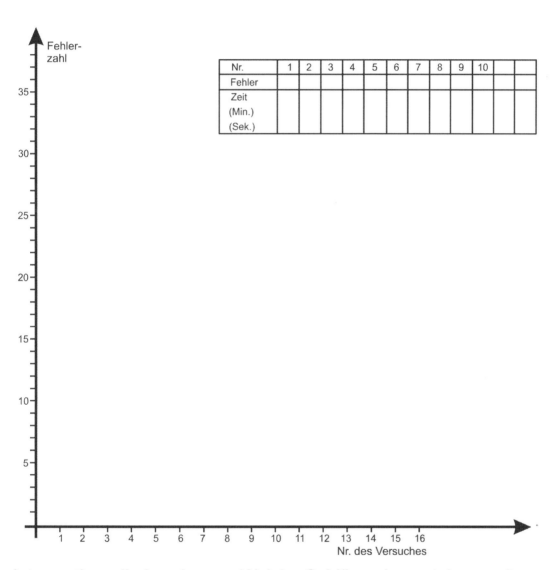

Interpretiere die Lernkurve. Welche Schlüsse kannst du aus diesem Versuch ziehen?

_____

_____

_____

_____

BIOLOGIE Verhalten

Reiz-Reaktionskette beim Stichling

AB 10

Arbeitsauftrag:

Trage in die Kästchen ein, wie sich die Partner jeweils verhalten, so dass eine Reaktion des anderen erfolgt!

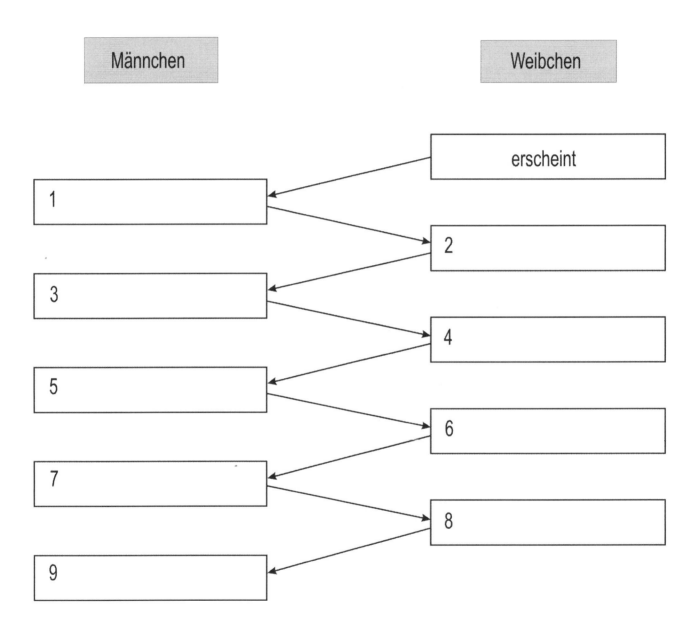

Schlüsselreize beim Kampffisch — AB11

Bitte erschreckt die Fische nicht!

Arbeitsaufträge:
1. Benutzt die Attrappen in der unten abgebildeten Reihenfolge.
2. Bewegt die Attrappen vorsichtig, ohne die Fische zu erschrecken, sonst gibt es keine Versuchsergebnisse!
3. Kreuzt eure Beobachtungen in der Tabelle an!
4. Ihr habt für die Durchführung der Versuche 10 Minuten Zeit!

Der Fisch . . .

1
- spreizt die Flossen ☐
- stellt die Kiemendeckel auf ☐
- zeigt keine Reaktion ☐
- schwirrt mit den Flossen ☐

2
- spreizt die Flossen ☐
- stellt die Kiemendeckel auf ☐
- zeigt keine Reaktion ☐
- schwirrt mit den Flossen ☐

3
- spreizt die Flossen ☐
- stellt die Kiemendeckel auf ☐
- zeigt keine Reaktion ☐
- schwirrt mit den Flossen ☐

4
- spreizt die Flossen ☐
- stellt die Kiemendeckel auf ☐
- zeigt keine Reaktion ☐
- schwirrt mit den Flossen ☐

5
- spreizt die Flossen ☐
- stellt die Kiemendeckel auf ☐
- zeigt keine Reaktion ☐
- schwirrt mit den Flossen ☐

Versuchsergebnisse:

_____

_____

_____

_____

Verhaltensbeobachtungen bei Maulbrütern

AB12

Arbeitsauftrag: Beschrifte stichpunktartig den Ablauf des Ablaichens

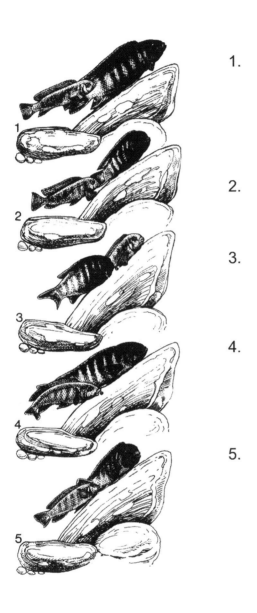

1.

2.

3.

4.

5.

6. Wodurch ist die Befruchtung der Eier im Maul des Weibchens gesichert?
7. Nenne Vorteile dieser Art der Eiaufnahme!
8. Beschreibe die Brutpflege des Maulbrüterweibchens!
9. Vergleiche die Zahl der Eier beim Stichling und Buntbarsch!
10. Welche Bedeutung kommt demnach der Brutpflege zu?
11. Werte die Attrappenversuche aus!

Wahlverhalten beim Schneckenbuntbarsch 1

AB13

Versuche mit *Neolamprologus ocellatus* zum Wahlverhalten bei verschiedenen „Haustypen" und unterschiedlich großer Öffnung bei Schneckenhäusern.

Im Tanganjikasee kommen nur Häuser bestimmter Schneckenarten als Bruthöhle für den Schneckenbuntbarsch in Frage. Beobachtungen zeigen, dass die Fische beim Vorfinden mehrerer Häuser offenbar nicht ein beliebiges Gehäuse beziehen, sondern bestimmten Häusern den Vorzug geben. Die Gehäuse haben unterschiedliche weite Öffnungen in Abhängigkeit von der Größe und dem Alter der Schnecken (maximal 19 mm weit).

Arbeitsmaterialien und Geräte:
Ein Aquarium der Größe 40x30x30 cm, 5 cm hoch mit feinem Sand bedeckt, bestückt mit drei aufgebohrten Tischtennisbällen mit den unterschiedlichen Öffnungsweiten von 1 cm (markiert 1), 1,5 cm (markiert 2) und 1,9 cm (markiert 3). Diese sind zur Hälfte eingegraben; ein Glasstab; fünf Versuchsfische der Art *N. ocellatus* mit einer Mindestgröße von 3 cm.

Aufgaben:
1. Setzen Sie das erste Versuchstier am linken Beckenrand in das Aquarium.
2. In welches Haus schwimmt der Fisch ein?
3. Sollte er sich nach drei Minuten noch nicht entschieden haben, verfolgen Sie ihn kurz mit einem Glasstab, und beobachten Sie danach zwei weitere Minuten.
4. Fangen Sie den Fisch heraus, und verfahren Sie mit den übrigen vier Versuchstieren der Reihe nach wie in Aufgaben 1-3 beschrieben.
5. Kontrollversuch: Das Versuchsaquarium wird mit je einem Tischtennisball und einem Weinbergschneckengehäuse, die beide eine Öffnungsweite von 1,5 cm haben, bestückt; beide Testhäuser liegen in einem Abstand von 15 cm. Anschließend werden der Reihe nach - wie in Aufgaben 1-4 beschrieben - die Versuchsfische eingesetzt. Als Wahlkriterium gilt das Hineinschwimmen oder das beginnende Eingraben eines Hauses.
6. Interpretieren Sie das Experiment!

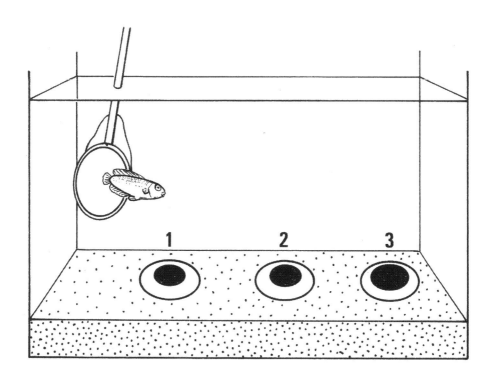

Wahlverhalten beim Schneckenbuntbarsch 2

AB14

Arbeitsmaterialien und Geräte:
Ein Aquarium mit den Abmessungen 40 x 30 x 30 cm mit einer ca. 5 cm hohen Sandschicht, auf der ein Schneckengehäuse liegt; ein Weibchen der Art *N. ocellatus*; Stoppuhr).

Beobachtungsaufgaben:
1. Setzen Sie ein weibliches Versuchstier der Art *Neolamprologus ocellatus*, das für 24 Stunden in einem Aquarium ohne Schneckenhäuser lebte, in das Becken. Führen Sie eine quantitative und qualitative Analyse der auf das Schneckenhaus bezogenen Verhaltensweisen des Schneckenbarsches durch, tragen Sie hierzu die Verhaltensweisen, die in einer Zeitspanne von jeweils fünf Minuten gezeigt werden, in das unten abgedruckte Protokoll ein, und protokollieren Sie die jeweilige Häufigkeit durch Anlegen einer Strichliste.
2. Welche Handlungskette lässt sich aus der qualitativen Analyse der auf das Schneckenhaus bezogenen Verhaltensweisen ablesen?

Quantitative und qualitative Analyse der auf das Schneckenhaus bezogenen Verhaltensweisen des Schneckenbarsches *Neolamprologus ocellatus*

Datum:	Beobachtungszeitraum:	
Verhaltensprotokolle über jeweils fünf Minuten:		
0 - 5	10 - 15	20 - 25
30 - 35	40 - 45	50 - 55

Abkürzungen für die wichtigsten Verhaltensweisen:

S = Schieben; G = Graben; Pf = Pflügen; H = Hineinschwimmen; R = Ruhen

		AB 15

Anpassung der Fische an den Lebensraum Wasser

Achtung: Bitte das Glas nicht bewegen und nicht an die Scheibe klopfen!
   (ungestörte Beobachtung)

Teilthema: Schwimmen

Arbeitsauftrag:
1. Beobachte die Fische im Aquarium! Achte auf die Bewegung der Flossen!
2. Zeichne in der Skizze den Kiemendeckel und die Flossen ein und beschrifte sie!

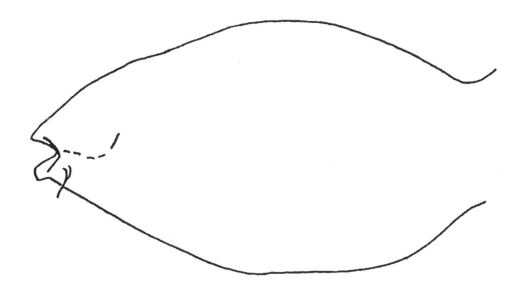

3. Welche Funktionen haben die Flossen? Vervollständige die Tabelle!

Flossenart	Funktionen

Anpassung der Fische an den Lebensraum Wasser

AB 16

Teilthema: Schweben

Materialien: Durchsichtiges Gefäß mit Wasser, Plastilin, Stoppuhr, Waage

Arbeitsauftrag:

1. Wiegt drei gleich schwere Portionen Plastilin ab (etwa je 5 Gramm pro Stück).

2. Formt aus dem ersten Stück einen wurmartigen Körper, aus dem zweiten Stück einen kugelartigen Körper, aus dem dritten Stück einen scheibenartigen Körper (siehe Skizze!).

3. Schüler 1 hält das erste Stück auf die Wasseroberfläche und lässt es dann auf ein Zeichen des 2. Schülers ins Wasser sinken. Schüler 2 stoppt die Zeit, bis der Gegenstand den Gefäßboden erreicht. Die ermittelte Zeit wird in die Tabelle eingetragen. Wiederholt diesen Versuch zweimal, um genauere Werte zu erhalten! Addiert anschließend alle drei Werte und teilt sie sodann durch 3. Tragt den ermittelten Mittelwert in die Tabelle ein.

4. Geht mit den beiden anderen Stücken genau so vor!

Modell	Sinkzeit Versuch 1 Versuch 2 Versuch 3	Sinkzeit Mittelwert
wurmartiger Körper		
kugelförmiger Körper		
scheibenartiger Körper		

5. Erläutert eure Versuchsergebnisse!

6. Welche Fische kennt ihr, die diesen Modellformen entsprechen?

Anpassung der Fische an den Lebensraum Wasser

AB 17

Teilthema: Wie Fische sich fortpflanzen

Arbeitsauftrag:

1. Lies dir den Text genau durch.
2. Schneide anschließend die 5 Bilder aus und bringe sie in die richtige Reihenfolge. Nummeriere anschließend die Bilder von 1 bis 5.

Wie Fische sich fortpflanzen

Die meisten Fische legen ihre Eier einmal jährlich, meist im Frühjahr. Man sagt: Sie laichen ab. Zur Fortpflanzungszeit kommen Weibchen und Männchen zusammen und suchen sich einen Geschlechtspartner. Das Weibchen, der Rogner, gibt die Eier (den Laich) ins Wasser ab oder legt ihn auf dem Grund in eine Laichgrube. Das Männchen gibt anschließend die Spermien (die Milch) ins Wasser ab. Diese Vereinigung von Ei- und Samenzelle nennt man äußere Befruchtung. In der befruchteten Eizelle entwickelt sich ein Embryo. Nach einer bei den einzelnen Fischarten unterschiedlichen Entwicklungs-Dauer schlüpfen die jungen Fische, die als Fischlarven bezeichnet werden. Sie tragen am Bauch einen großen Dottersack, der ihnen für die ersten Tage als Nahrungsvorrat dient. Wenn der Vorrat aufgebraucht ist, ist aus der Fischlarve ein Jungfisch geworden. Er ernährt sich nun selbständig von Wasserflöhen, Würmern und pflanzlicher Kost. In einigen Jahren sind sie ausgewachsen und selbst fortpflanzungsfähig.

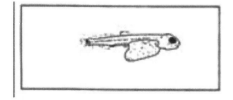

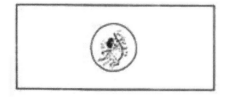

3. Klebe sie auf ein leeres Blatt Papier, suche den passenden Satz aus dem vorliegenden Text und schreibe ihn neben das Bild.

BIOLOGIE Verhalten — Anpassung der Fische an den Lebensraum Wasser — **AB 18**

Teilthema: Untersuchung der Kiemen

Materialien: Je nach Gruppengröße 5- 7 Köpfe von Karpfen oder Plötzen, Stricknadeln oder Glasstäbe, Scheren, Lupen, Wasserbehälter; pro Schüler einen Arbeitsbogen mit der Skizze des Kiemenmodells (AB 19), Klebstoff

Arbeitsauftrag:

1. Sucht mit Hilfe der Stricknadel den Weg des Atemwassers vom Maul durch die Mundhöhle bis zum Kiemendeckel!

2. Zeichnet den Weg des Atemwassers mit Bleistift in die Skizze ein!

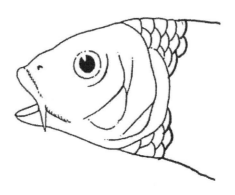

3. Hebt den Kiemendeckel ab und schneidet ihn mit der Schere ab. Die Kiemen liegen nun frei. Betrachtet sie mit der Lupe und ordnet den einzelnen Teilen die richtige Bezeichnung zu (Kiemenblättchen, Blutgefäße, Kiemenbogen). Beschriftet die Skizze.

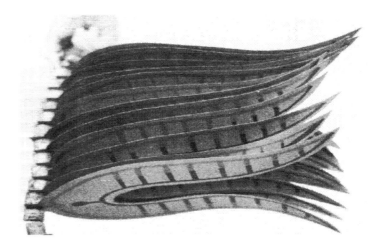

4. Trennt die Kiemen mit der Schere ab und legt sie in einen mit Wasser gefüllten Behälter. Begründet die Farbe der Kiemen!

Anpassung der Fische an den Lebensraum Wasser

AB19

5. Schneidet das Kiemenmodell aus (jeder Schüler!) und malt anschließend die Kiemenblättchen auf beiden Seiten rot an.

6. Schneidet alle durchgezogenen Linien bis zum Ende ein, knickt alle gestrichelten Linien und klebt die beiden Hälften des Kiemenbogens mit Klebstoff zusammen.

7. Wodurch wird die Oberfläche der Kiemen vergrößert?

Kiemenblättchen	Kiemenbogen	Kiemenblättchen

Anpassung der Fische an den Lebensraum Wasser

AB20

Test

Beantwortet die folgenden Fragen zur Anpassung der Fische an ihren Lebensraum in Einzelarbeit. Gebt den fertigen Testbogen an euren Tischnachbarn zu Korrektur.

1. Warum haben Fische eine Schleimhaut auf den Schuppen?

   _____

2. Begründe, warum viele Fische eine stromlinienförmigen Körper haben!

   _____

3. Warum können der Kugelfisch und die Scholle trotz ihrer strömungsungünstigen Körperform überleben?

   _____

4. Trage die entsprechenden Flossennamen ein:

   ① _____

   ② _____

   ③ _____

   ④ _____

5. Warum legen Fisch, wie z. B. Karpfen und Forellen, so viele Eier?

   _____

6. Warum haben die Kiemen eine so große Oberfläche?

   _____

Verhaltensbeobachtungen am Orangefleck-Maulbrüter

AB 21

Arbeitsauftrag:
Stelle den Ablauf des Paarungs- und Ablaichverhaltens beim Orangefleck-Maulbrüter in acht Schritten dar:

Fülle die leeren Kästchen aus, indem du das gezeigte Verhalten beschreibst. Nummeriere die Kästchen und stelle den Ablauf durch Pfeile dar, die du zwischen die Kästchen anbringst.

Männchen

Weibchen

1. Weibchen erscheint

Kapitel 3

Arbeitstechniken

Bau eines Einlinsen-Mikroskopes

AB 1

Aufgabe: Baue eine einfache Vergrößerungseinrichtung (Einlinsen-Mikroskop)

Material: Marmeladenglas, Metall-Lochstreifen (aus einem Schnellhefter), Gummiband, Wassertropfen, Blatt der Wasserpest (*Elodea canadensis*)

Arbeitsanweisung:

1. Biege den Lochstreifen in einem rechten Winkel
2. Befestige den nicht gelochten Schenkel mit dem Gummiband so an dem umgedrehten Marmeladenglas, wie es die Abbildung zeigt.
3. Bringe mit dem Zeigefinger einen Wassertropfen in das Loch des Metallstreifens.
4. Gib auf den Boden des Marmeladenglases einen zweiten Wassertropfen.
5. Bringe in diesen Tropfen ein abgezupftes Blättchen der Wasserpest.
6. Betrachte das Objekt durch den Wassertropfen im Lochstreifen. Zum Scharfstellen kannst du die Höhe des gewinkelten Lochstreifens verändern.
7. Zeichne, was du siehst!

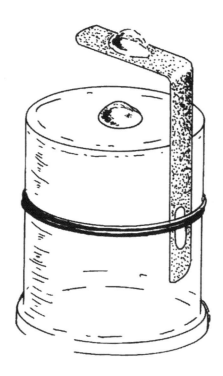

Die menschliche Mundschleimhaut

AB 2

Fragestellung: Wie unterscheiden sich Zellen von Tier und Mensch von denen der Pflanzen?

Material: 1 Holzspatel, Gläschen mit Methylenblau-Lösung
1 Objektträger, Pipette
1 Deckgläschen, Fließpapierstreifen
1 Mikroskop, Becherglas mit Wasser
 Papierhandtuch

Durchführung:

1. Anfertigung eines Frischpräparates der menschlichen Mundschleimhaut

a) Schabe vorsichtig mit einem Holzspatel über Deine Zungenoberfläche und übertrage einen kleinen Tropfen von der Schleimhaut auf den Objektträger.

b) Verdünne diesen Tropfen der Schleimhaut mit ein wenig Wasser, benutze dazu die Pipette.

c) Lege nun vorsichtig das Deckgläschen über das Objekt (vermeide Luftblasen).

2. Anfärben des Frischpräparates

a) Gib mit der Pipette einen Tropfen von der Methylenblau-Lösung (Reagenz) an den Rand des Deckgläschens (siehe Skizze).

b) Lege nun auf der gegenüberliegenden Seite des Deckgläschens den Fließpapierstreifen an (siehe Skizze) und sauge mit diesem die Reagenz durch das Deckgläschen.

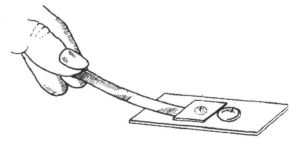

Auswertung: Stelle die Unterschiede zwischen Pflanzenzellen und den Zellen aus deiner Mundschleimhaut zusammen!

_____

_____

_____

Feuchtigkeitsregulierung des Laubblattes

AB 3

Fragestellung: Wie unterscheiden sich Blattoberseite und Blattunterseite bei der Ampelpflanze?

Material:
- frische Blätter der Ampelpflanze
- Klebstoff, z. B. Uhu-hart
- Pinzette
- Objektträger
- Deckgläser
- Mikroskop
- Filzstift
- u. U. feiner Pinsel

Durchführung:
1. Verstreiche mit der Fingerkuppe (oder mit einem feinen Pinsel)
   a) auf der Blattoberseite eines Blattes
   b) auf der Blattunterseite eines zweiten Blattes

   etwas Klebstoff, so dass ein dünner, gleichmäßiger und durchsichtiger Belag entsteht. (Der Klebstoff muss *antrocknen,* deshalb erst in der nächsten Stunde)

2. Ziehe mit der Pinzette das trockene Klebstoff-Häutchen vor der Blattoberseite ab! (Falls es sich schwer löst, kratze es mit der Pinzette an, damit es einreißt!)
3. Gib das Häutchen auf einen Objektträger und lege *ein* Deckglas auf!
4. Kennzeichne den Objektträger mit dem Filzstift als „Blattoberseite".
5. Verfahre mit dem zweiten Präparat (Blattunterseite) wie unter Punkt bis 4 beschrieben!
6. Stelle zunächst bei schwächster Vergrößerung scharf ein!
7. Vergleiche Blattober- und Blattunterseite: Welche Unterschiede erkennst du?
8. Fertige eine Zeichnung der Blattunterseite an!

Auswertung: Wodurch unterscheidet sich die Blattunterseite von der Blattoberseite? Begründe Deine Aussage!

Sektion eines Tintenfisches (Gemeiner Kalmar)

AB 4

Lege den Kalmar so auf die Unterlage, dass die Flosse mit ihrer ganzen Fläche aufliegt und der Kopf zu dir zeigt (vgl. Skizze 1). In welche Teile gliedert sich der Körper?

....

Zähle die Fangarme, was fällt dir an ihnen auf?

....

1. Schnitt

Suche den Trichter. Führe die Schere in den Mantel ein, ohne den Trichter mit zu fassen, und schneide möglichst flach den Mantel bis zur Rumpfspitze in der gedachten Mittellinie auf (siehe Skizze 2). Klappe die aufgeschnittenen Mantelhälften zur Seite.

Suche die beiden knorpeligen, länglichen Rinnen unterhalb der Trichteröffnung, denen am Mantel zwei Erhebungen entsprechen. Nimm dazu die Fingerspitzen zur Hilfe. Mit diesen beiden „Druckknöpfen" kann der Spalt zwischen Mantel und Trichter verschlossen werden. Der Schließapparat spielt beim schnellen Schwimmen nach dem Rückstoßprinzip eine Rolle.

Erläutere, was darunter zu verstehen ist:

....
....

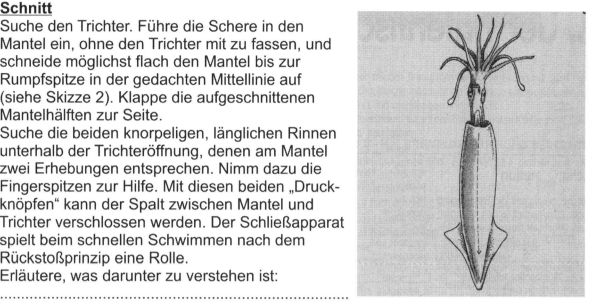

2. Schnitt

Löse mit Schere und Pinzette die beiden leicht streifigen, länglichen Gebilde, die links und rechts des mächtigen Eingeweidestranges dem Mantel aufliegen, heraus. Diese Organe sind die Kiemen.

3. Schnitt

Auf dem Eingeweidestrang liegt ein längliches, dunkel-glänzendes Gebilde: der Tintenbeutel. Hebe die Spitze des Beutels mit der Pinzette hoch und präpariere ihn mit der Schere vorsichtig heraus.

Lege ihn auf ein weißes Blatt Papier, schneide den Beutel quer durch und drücke mit der Pinzette die Tinte heraus.

Welche Funktion hat der Farbstoff für den Kalmar?

....
....

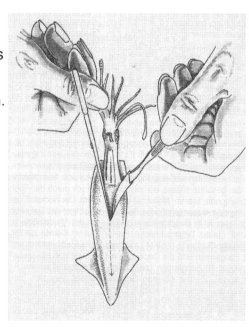

**Sektion eines Tintenfisches
(Gemeiner Kalmar)**

AB 5

4. Schnitt

Hebe mit der Pinzette den Trichter an, so dass du mit der Schere den Eingeweidestrang abtrennen kannst. Kopf und Rumpf sind nun getrennt. Hebe mit der Pinzette den Eingeweidestrang hoch und präpariere ihn mit der Schere vom Mantel ab, so dass eine Durchsichtige, pergamentartige Struktur sichtbar wird.

Präpariere dieses „Schwert" (Gladius) heraus. Welche Funktion hat es?

___

Die Skizze 3 zeigt den Tintenfisch nach frei gelegter Mantelhöhle. Beschrifte die Körpermerkmale, die im Bild sichtbar sind.

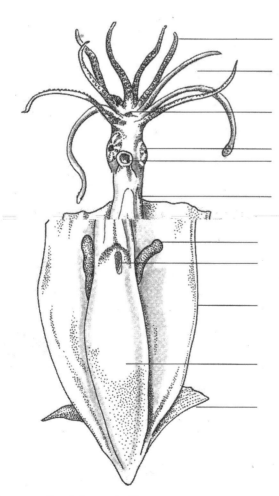

Beantworte die folgende Frage:
Welche Merkmale belegen, dass der Tinten"fisch" kein Fisch ist?

___

Abhängigkeit des Frosches von der Außentemperatur

AB 6

Gruppe A (Frosch im Aquarium mit Eisbedeckung)

Tragt die Problemstellung ein:

1. Lest die Wassertemperatur ab!

2. Beobachtet den Frosch im Aquarium sechs Minuten lang!

a) Beschreibt stichwortartig sein Verhalten:

b) Wie oft kommt der Frosch zum Luftholen an die Wasseroberfläche?

3. Deutet das Versuchsergebnis:

Gruppe B (Frosch im Aquarium ohne Eis)

Tragt die Problemstellung ein:

1. Lest die Wassertemperatur ab!

2. Beobachtet den Frosch im Aquarium sechs Minuten lang!

a) Beschreibt stichwortartig sein Verhalten:

b) Wie oft kommt der Frosch zum Luftholen an die Wasseroberfläche?

Kapitel 4

Genetik

Entwicklung eines Teil-Stammbaumes aus der Gruppe der „Camincules"

AB 1

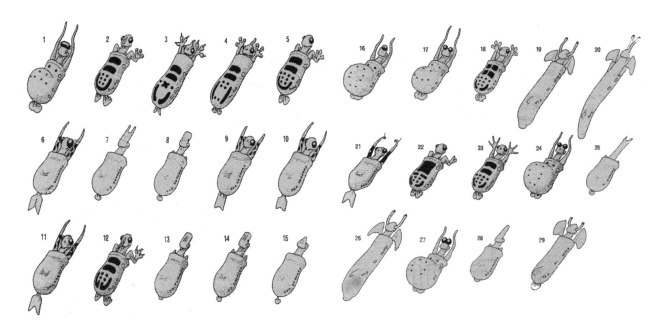

Einzelne Camincules haben Ähnlichkeit mit real existierenden Tieren. Eure Gruppe soll sich mit den Tintenfischähnlichen (die anderen 4 Gruppen: Schneckenähnliche, Amphibienähnliche, Fischähnliche, Parasitenähnliche) beschäftigen und für diese Tiergruppe einen Teil-Stammbaum aufstellen.

1. Stellt Kriterien zusammen, nach denen ihr die Vertreter aus der Gesamtgruppe heraussucht! Protokolliert die auftretenden Schwierigkeiten.

2. Entwickelt mit den zusammen gestellten Tieren der Tintenfischähnlichen (bzw. der Schneckenähnlichen usw.) einen Teil-Stammbaum, indem ihr die Tiere aus dem Arbeitsbogen herausschneidet und auf einem Blatt Papier so aufklebt, dass die einfachsten Formen oben und die weit entwickelten unten stehen.

3. Übertragt euer Gruppenergebnis auf eine OH-Folie und wählt als Überschrift: „Teil-Stammbaum der Tintenfischähnlichen" (bzw. der Schneckenähnlichen usw.)

4. Wie könnten Fossilien dieser rezenten Camincules ausgesehen haben? Nehmt ein Stück Knete und modelliert ein Fossil.

Befruchtung im Reagenzglas

Bereits im Jahre 1878 veröffentlichte der österreichische Wissenschaftler SCHENK eine Arbeit, in der er über seine ersten Versuche der Vereinigung von Ei- und Samenzelle im Reagenzglas berichtete (In-vitro-Konjugation). Es handelte sich damals zwar noch um die Ei- und Samenzellen von Säugetieren, jedoch waren die menschlichen Geschlechtszellen (Gameten) zu diesem Zeitpunkt bereits von einigen Wissenschaftlern ziemlich genau beschrieben. Die angeblich erfolgreiche Reagenzglasbefruchtung eines Kaninchens durch PINCUS im Jahre 1936 wäre also keinesfalls das erste Experiment auf diesem Sektor. Inzwischen gibt es auch eine Reihe von Berichten über die In-vitro-Konjugation menschlicher Gameten und ihre erfolgreiche Kultivierung bis zum Blastozysten-Stadium (= noch undifferenzierte embryonale Zellen), über die gelungenen Versuche, sie in die Gebärmutter zu implantieren und die Beobachtung ihrer Ausreifung zu menschlichen Embryonen bis zur Geburt.

1978 ist es erstmals den beiden britischen Ärzten STEPTOE und EDWARDS gelungen, nach über 800 Versuchen der Implantation von Eizellen Schwangerschaften zu erzielen. In drei Fällen wurden gesunde Kinder geboren, andere endeten mit Aborten. Drei verschiedene Aspekte charakterisieren die Erforschung der extrakorporalen oder Reagenzglasbefruchtung:

1. Beobachtungen des Konjugationsprozesses, also der Vereinigung von Ei- und Samenzelle, als Modell zum Studium von Störungen der Vereinigung von Keimzellen.
2. Therapeutischer Einsatz bei weiblicher Sterilität infolge von Eileiterverschlüssen oder fehlenden Eileitern und bei eingeschränkter männlicher Fertilität.
3. Kommerzieller Einsatz bei landwirtschaftlichen Nutztieren.

Entwicklung menschlicher Embryonen nach In-vitro-Befruchtung

Die Kinderlosigkeit aufgrund von verschlossenen oder fehlenden Eileitern ist für viele Ehepaare ein ernstes Problem. Sie sind in der Regel neuen Methoden, wie z. B. der Reagenzglasbefruchtung, gegenüber sehr aufgeschlossen. Bevor man jedoch eine extrakorporale Befruchtung in Erwägung zieht, muss geklärt sein, dass die Ursache für die Kinderlosigkeit tatsächlich auf einer auch mit mikrochirurgischen Methoden nicht zu behebenden Tubenunwegsamkeit beruht. Natürlich müssen dann auch die Eierstockfunktionen überprüft werden sowie die Fähigkeit der Eierstöcke, Eizellen zu bilden.

Seit Beginn des Jahres 1979 wurden eine große Anzahl von Patientinnen diesen Untersuchungen unterzogen, um eine extrakorporale Befruchtung in Erwägung zu ziehen. Da normalerweise von den Eierstöcken nur eine Eizelle pro Zyklus gebildet wird, wurde die Superovulation angewandt, um mehrere Eizellen pro Zyklus zum Wachstum anzuregen. Nur bei etwa 30 % aller Patientinnen gelang es schließlich, Eizellen zu gewinnen und mit Spendersamen zu befruchten. Die entstehenden frühen Zellstadien wurden eingefärbt und fixiert, chromosomal und elektronenmikroskopisch untersucht.

Erst in einem zweiten Schritt sollte dann die extrakorporale Befruchtung mit den Spermien des Ehemannes und die Transplantation in die Gebärmutter durchführt werden.

Befruchtung im Reagenzglas

AB2/2

Nachdem es erstmals den Engländern STEPTOE und EDWARDS gelungen war, ein Embryo zu transplantieren, kann man inzwischen von einer Routinemethode sprechen.
Aufgrund langjähriger Erfahrungen weiß man inzwischen, dass ein Embryotransfer niemals hundertprozentig zum Erfolg führen kann. Die tierexperimentellen Ergebnisse zeigen, dass der Erfolg einer transplantierten Blastozyste bei 4:1 liegt. Wenn also drei Blastozysten transplantiert werden, steigt der Erfolg auch dementsprechend an, allerdings in gleicher Weise auch das Risiko der Geburt von Zwillingen oder Drillingen.
Uns gelingt heute die Vereinigung von Eizellen und Samenzellen beim Menschen. Die Weiterentwicklung zum 2-4-8-16-32-64-Zellstadium bereitet jedoch noch Schwierigkeiten und ist nicht immer erfolgreich. Eine Transplantation planen wir im 8-16-Zellstadium.

Ethische Bedenken bei der Reagenzglasbefruchtung ?

Bei der extrakorporalen Befruchtung und Transplantation der befruchteten Eizelle wird weder an der Eizelle selbst noch an der Samenzelle genetisch manipuliert. Eine intakte Eizelle wird dem Eierstock entnommen und mit intakten Samenzellen zusammengebracht.
Die Befruchtung und erste Zellteilung findet außerhalb des mütterlichen Organismus statt.
Seit der Geburt des ersten Retortenbabys reißt die Diskussion über dieses Thema nicht ab. In der Bundesrepublik Deutschland gibt es etwa 100 000 Frauen mit verschlossenen oder doch schwer veränderten Tuben, wie auch solche, deren Eileiter nach Entzündungen usw. entfernt werden mussten. Viele dieser Frauen wünschen eine In-vitro-Befruchtung.

(gekürzter Artikel aus einer Wissenschaftszeitschrift)

Konjugation	= Vereinigung
In-vitro-Konjugation	= Vereinigung im Reagenzglas
Blastozyten-Stadium	= befruchtete Eizelle nach vier Tagen
Implantation	= Einpflanzung
Transplantation	= Verpflanzung
Extrakorporale Befruchtung	= Reagenzglasbefruchtung
Tubenunwegsamkeit	= Verschluss der Eileiter
Sterilität	= Unfruchtbarkeit
Ovulation; Superovulation	= Eisprung; durch Medikamente bewirkte gleichzeitige Reifung mehrerer Eizellen
Embryotransfer	= Embryoverpflanzung

Arbeitsaufträge:

1. Versuche, in eigenen Worten drei Gründe für die Notwendigkeit der Weiterentwicklung der „Reagenzglasbefruchtung" zu beschreiben!

2. Beschreibe, wie eine extrakorporale Befruchtung vorgenommen wird!

3. Zähle einige ethische Argumente pro und contra Reagenzglasbefruchtung auf!

4. In welchem Zellstadium wird die befruchtete Eizelle in die mütterliche Gebärmutter übertragen?

5. Warum ist das Risiko von Missbildungen bei Frauen über 30 erhöht?

BIOLOGIE Genetik — DNA

AB 3

In der Abbildung unten siehst du einen kurzen Abschnitt der DNA mit seinen sechs Bestandteilen.

Arbeitsauftrag:

1. Identifiziere die unterschiedlichen Einzelglieder der Molekülkette, nämlich das Zucker- und das Phosphorsäuremolekül, die die Seitenstränge (Holme) der Doppelhelix bilden, und die vier organischen Substanzen, also die stickstoffhaltigen Basen Adenin (A), Guanin (G), Cytosin (C) und Thymin (T)

2. Beschrifte die Einzelglieder folgendermaßen korrekt: Mit 1 (für Zuckermolekül), 2 (für Phosphorsäuremolekül) sowie mit A, T, G und C (für die vier stickstoffhaltigen Basen)

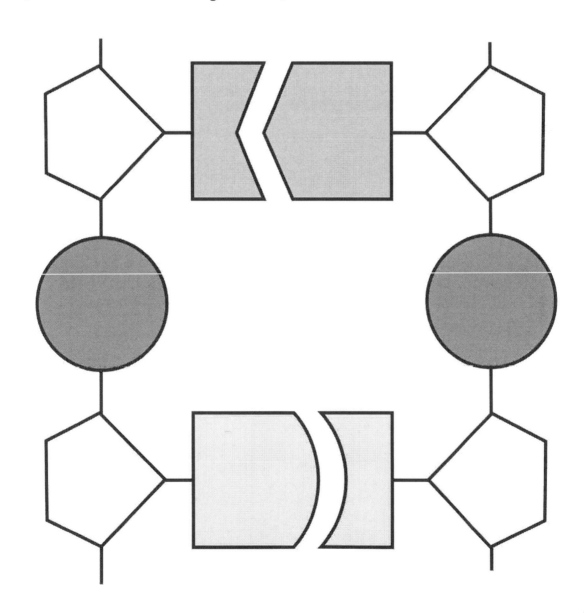

DNA

AB 4

Arbeitsauftrag:

3. Vervollständige die gestaltlichen Unterschiede der Einzelglieder auf der nachfolgenden Skizze (rechte Seite) und übernimm die Beschriftung aus dem AB 3.

4. Ergänze den DNA-Strang auf der linken Seite der Skizze entsprechend dem Verdoppelungs- und Koppelungsmechanismus der vier Basen

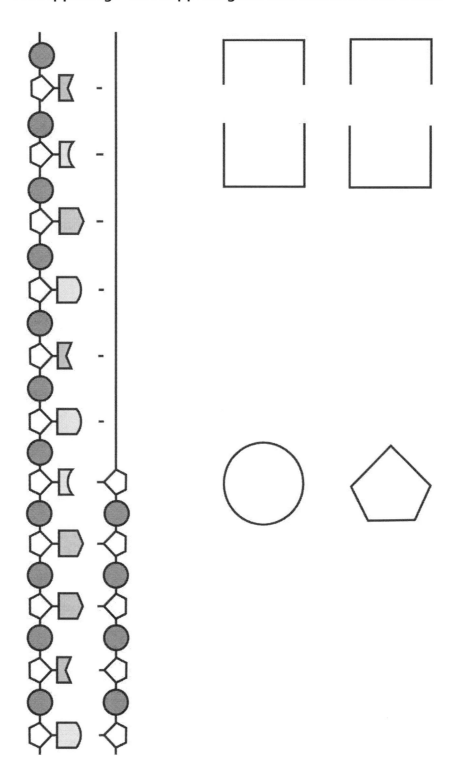

Kapitel 5

Gesundheit

Der Gesundheitskreis

AB 1

1. Diskutiert in eurer Arbeitsgruppe die einzelnen Faktoren des Gesundheitskreises und erstellt gemeinsam schriftlich eine Rangliste dieser Faktoren nach dem Grad ihrer Bedeutung für die individuelle Gesundheit.
2. Präsentiert eure Arbeitsergebnisse dem Plenum. Begründet eure beschlossene Rangliste!

Risiken des täglichen Lebens

AB 2

Unsere Umwelt scheint voller Gefahren zu sein. Jeden Tag berichten Zeitungen über karzinogene Chemikalien oder über Katastrophen in fernen Landen. Das alles führt dazu, dass viele von uns von einer gesünderen Welt träumen, in der das Leben weniger riskant ist. Aber kann eine solche Welt wirklich existieren?

Vor hundert Jahren betrug die mittlere Lebenserwartung nur 50 Jahre, heute beträgt sie dagegen deutlich über 70 Jahre. Das kann nur bedeuten, dass die Summe aller Risiken, denen wir ausgesetzt sind, geringer sein muss als damals.

Und in der Tat stellen wir fest, dass viele große Gefahren des letzten Jahrhunderts verschwunden sind. Aber unzähligen kleinen Risiken sind wir nach wie vor ausgesetzt. Schon am Morgen beim Aufstehen beginnen die Gefahren. Wenn ich verschlafen das Licht einschalte, spüre ich ein schwaches Kribbeln. Unser Wohnhaus ist alt und ebenso die elektrischen Leitungen in der Wohnung.

Jedes Jahr werden in der Bundesrepublik Deutschland einige Hundert Menschen durch einen elektrischen Schlag getötet.

Ich dusche und greife nach der Seife, während ich darüber nachdenke, welche Chemikalien sie enthält. Ist sie für die Haut wirklich so gut, wie die Anzeige es verspricht? Meine Wäsche ist mit dem besten Weißmacher gewaschen. Die meisten Weißmacher enthalten fluoreszierende Substanzen, die bei Sonnenlicht das Weiß verstärken. Sind diese Weißmacher auf Dauer karzinogen?

Während ich über diese Risiken nachdenke, gehe ich die fünf Stufen hinunter zur Küche, um zu frühstücken. Vorsicht - nicht über die Stufen fallen!

Jedes Jahr kommen zigtausend Menschen bei einem Sturz ums Leben - meistens bei Unfällen in der eigenen Wohnung.

Ich nasche gern; soll ich Zucker nehmen, der dick macht und Herzkrankheiten verursacht, oder mit Saccharin süßen, welches karzinogen sein soll?

Ich wohne nur 10 km von meinem Arbeitsplatz entfernt und kann sowohl mit Auto oder Fahrrad als auch mit dem Bus fahren. Radfahren ist gut für die Figur und verursacht keine Luftverschmutzung, aber laut Statistik ist die Gefahr groß, in einen Verkehrsunfall verwickelt zu werden. Das Auto ist sicherer, der Bus am sichersten. Zum Glück brauche ich nicht mehr zwischen Pferd und Kanu zu wählen, beide sind pro Kilometer wesentlich gefährlicher als das Fahrrad. Wenn ich Hamburg besuche, bekomme ich die Gefahren der Großstadt zu spüren, denn die Gesundheitsgefährdung durch Luftverschmutzung ist hier sehr hoch. Pressemeldungen zufolge gehen in der Bundesrepublik Deutschland jährlich mehrere tausend Krankheitsfälle auf das Konto Luftverschmutzung. Die Wände meines Büros sind aus Ziegelsteinen, die radioaktive Substanzen enthalten, deren Strahlung ebenfalls Krebs erzeugen kann.

Eine dieser radioaktiven Substanzen - Radon - entweicht aus den Ziegelsteinen, so dass ich es einatme, wodurch sich die Gefahr erhöht. Durch Streichen der Wände mit einer Epoxyd-Farbe kann ich die Gasemission zwar verhindern, aber durch die beim Trocknen der Farbe abgegebenen karzinogenen Lösungsmitteldämpfe erzeuge ich ein neues Risiko. Welches von beiden ist das kleinere Übel?

karzinogen	=	krebserzeugend
fluoreszierend	=	bei Betrachtung aufleuchtend
Saccharin	=	künstlich hergestellter Zucker (Süßstoff)
Gasemission	=	Absondern von Gas

Arbeitsauftrag:
Stellt die Risikofaktoren des täglichen Lebens zusammen!

Für wen ist das Risiko am größten?

AB3

Hauttyp	Merkmale	Eigenschutzzeit ohne Sonnenbrand in Minuten zur Mittagszeit im Hochsommer	Reaktion auf die Sonne		Markiere mit rotem Filzstift, zu welchem Hauttyp du gehörst!	Welcher Lichtschutzfaktor ist für den jeweiligen Hauttyp empfehlenswert?
			Sonnenbrand	Bräunung		
I gilt für alle Kinder; 2 % der Bevölkerung	auffallend helle und blasse Haut; sehr helle Brustwarzen; viele Sommersprossen; rote oder rotblonde Haare; blaue oder grüne Augen	5 -10	immer und dabei sehr schmerzhaft	keine Bräunung Haut schält sich		1. Woche LSF 20 ab 2. Woche LSF 15
II 12 % der Bevölkerung	helle Haut; helle Brustwarzen; wenig Sommersprossen; blonde Haare; blaue oder blaugrüne Augen	10 - 20	häufig und meist schmerzhaft	kaum Bräunung Haut schält sich		1. Woche LSF 15 2. Woche LSF 12-15 ab 3. Woche LSF 9-12
III 78 % der Bevölkerung	helle bis hellbraune Haut; dunklere Brustwarzen; dunkelblonde oder braune Haare; graue oder graublaue Augen	20 - 30	seltener mit mäßiger Intensität, trotzdem schmerzhaft	gut		1. Woche LSF 10 2. Woche LSF 8-10 ab 3. Woche LSF 5-8
IV 8 % der Bevölkerung	braune Haut; dunkle Brustwarzen; dunkelbraune, oft schwarze Haare; braune Augen	über 40	kaum	schnell und tief		1. Woche LSF 6 2. Woche LSF 4 ab 3. Woche LSF 2

<u>Vervollständige die Tabelle:</u>

1. Trage in die vorletzte Spalte ein, welchem Hauttyp Du angehörst.
2. Was bedeutet LSF 20?
3. Wie lange kann Hauttyp II in der Sonne bleiben, ohne einen Sonnenbrand zu bekommen?
4. Wie lange kann Hauttyp III mit LSF 8 in der Sonne bleiben, ohne einen Sonnenbrand zu bekommen?

BIOLOGIE Gesundheit — Haut und Sonne — AB4/1

1. Beschreibt mit Hilfe der Abbildung, wie sich die Haut vor intensiver Sonnenbestrahlung schützt?

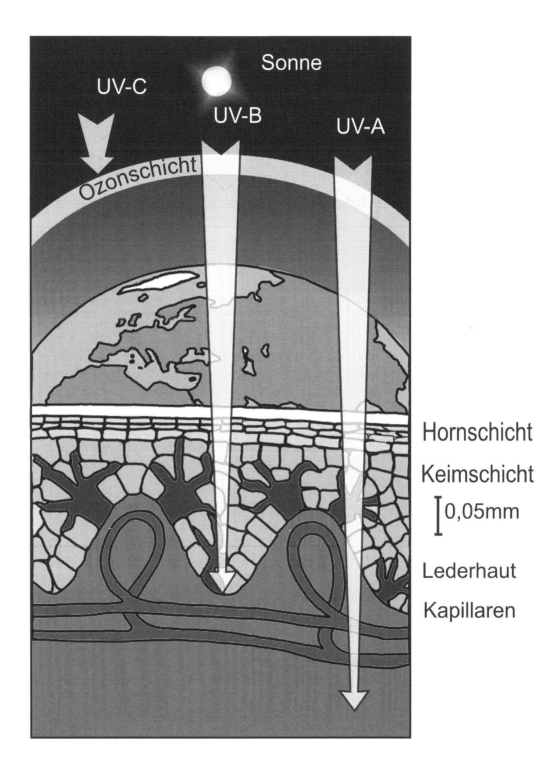

2. UV-Strahlen sind gefährlich für die Haut. Unterscheide die verschiedenen UV-Strahlen in ihrer Wirksamkeit auf die Haut!

BIOLOGIE Gesundheit

Wie die Haut bräunt

AB4/2

Aufbau der Haut

Die Haut besteht aus drei Schichten: Die Oberhaut ist etwa so dick wie eine Buchseite. Sie schließt den Körper nach außen mit der Hornschicht (1) ab. Nach unten schließt sich die Keimschicht (2) an, die unaufhörlich neue Zellen bildet. Die alten Zellen werden dadurch nach oben geschoben, wo sie verhornen, absterben und als Schuppen von der Haut fallen. In die Keimschicht sind handförmige Pigmentzellen (Melanocyten) eingelagert (5),(6) markiert ihren Zellkern. Diese Zellen schnüren bei Sonneneinstrahlung noch helle Melaninbläschen ab (8), die sich allmählich dunkel färben und als Pigmentkörper (9) in die Keimschicht einwandern.

Anzahl, Größe und Anordnung dieser Melaninkörper sind für die dunkle Verfärbung der Haut verantwortlich. Je nach Hauttyp bilden sich unterschiedlich viele Melaninkörper. Reicht die Zahl der gebildeten Pigmentkörper bei andauernder Sonneneinstrahlung nicht aus, kommt es zum Sonnenbrand.

Nach unten schließen sich die Basalmembran (4) und die Lederhaut (3) an. (7) markiert den Golgi-Apparat das die von der Zelle benötigte Energie bereit hält.

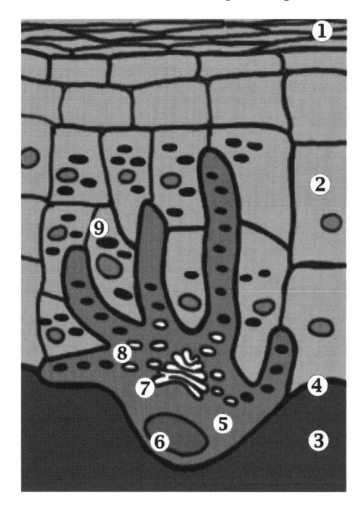

Beschreibe, wie sich die Haut bei Sonneneinstrahlung bei den vier verschiedenen Hauttypen braun färbt!

Wie Lichtschutzfaktoren von Sonnenschutzpräparaten wirken

AB5

Arbeitsmaterial:
Zeitung, Schere, Filzstift, vier Objektträger, Brettchen, Sonnenschutzpräparate mit unterschiedlichen Lichtschutzfaktoren (z. B. 2, 8, 20)

Arbeitsanweisungen:

1. Schneide vier Rechtecke von der Größe eines Objektträgers aus dem Zeitungspapier aus.
2. Lege die Rechtecke neben einander auf ein Brettchen und nummeriere sie von 1 bis 4.
3. Lege einen Objektträger auf den Papierstreifen 1. Dieser Objektträger bleibt unbehandelt (ohne LSF).
4. Streiche die Objektträger für die Papierstreifen 2, 3 und 4 auf der Oberfläche dünn mit unterschiedlichen Sonnenschutzpräparaten ein.
5. Lege sie auf die Papierstreifen und notiere jeweils, mit welchem LSF die Objektträger bestrichen wurden (siehe Protokoll-Tabelle).
6. Lege das Brettchen mit den Objektträgern für eine Woche an eine regensichere, gut besonnte Stelle.
7. Nimm nach einer Woche die Objektträger ab und vergleiche die vier Proben.
8. Notiere die unterschiedlichen Verfärbungen in der folgenden Protokoll-Tabelle.

Probe	Verfärbung nach Sonnenbestrahlung
1 ohne LSF	
2 LSF 2	
3 LSF 8	
4 LSF 20	

9. Übertrage die Ergebnisse auf die Haut!

10. Welcher LSF bietet den wirksamsten Schutz vor Sonnenbrand?

Rauchen und Gesundheit

AB6

Krebsforscher warnt vor Gefahren durch „leichte" Zigaretten
Zweifel an angeblich geringerer Schädlichkeit angemeldet

Bonn (AP). All jene, die glauben, durch das Rauchen „leichter" Zigaretten mit weniger Schadstoffen das Risiko für ihre Gesundheit verringern zu können, hat der Heidelberger Krebsforscher Ferdinand Schmidt jetzt gewarnt. Professor Schmidt, Leiter der Forschungsstelle für präventive Onkologie der Universität Heidelberg und Mitglied des Sachverständigenbeirates „Rauchen und Gesundheit" der Weltgesundheitsorganisation (WHO) kommt in der neuesten Ausgabe der Zeitschrift „Bild der Wissenschaft" zu dem Schluss: „Die leichte Zigarette dient der Gesundheit der Zigarettenindustrie, bisher aber nicht der Gesundheit der Raucher."

Als schon im Ansatz falsch kritisiert Schmidt die Ergebnisse von Untersuchungen, nach denen ein verringerter Schadstoffgehalt in Zigaretten auch eine geringere Gesundheitsschädlichkeit bedeuten soll. Der Schadstoffgehalt in Zigaretten sei nur einer von fünf Faktoren, die für die Gesundheitsschädlichkeit bestimmend seien - und er sei »mit Abstand der unwichtigste«. Andere Faktoren seien die Höhe des Tageskonsums, die Dauer des Rauchens, der Zeitpunkt des Beginns des Rauchens und die Inhalationstiefe.

Als wesentlichen Faktor für die Aufnahme von Schadstoffen beim Rauchen nennt Schmidt die Inhalationstiefe: Je nachdem, wie tief der Zigarettenrauch in die Lunge inhaliert werde, schwanke die Schadstoffaufnahme in einem Verhältnis von 1:350. Selbst wenn man annehme, dass die Gift Inhalation beim Rauchen »auf Lunge« nur 100mal höher sei als beim »Paffen«, wäre die beobachtete Verringerung des Schadstoffgehaltes von Filterzigaretten um 30 bis 40 Prozent praktisch völlig bedeutungslos. Auch wenn die Behauptungen der Zigarettenindustrie richtig wären, dass bei vielen Marken der Gehalt an Nikotin und Teerkondensat um weit über die Hälfte zurückgegangen sei, würde wegen der mehr als hundertfach größeren Bedeutung der Inhalationstiefe eine verstärkte Inhalation von weniger als einem Prozent ausreichen, um dies zu kompensieren.

In diesem Zusammenhang weist Professor Schmidt auch daraufhin, dass die Zahl der Lungenkrebstoten in der Bundesrepublik noch immer Jahr für Jahr steige, obwohl die heutigen Zigaretten angeblich nur noch halb so schädlich seien wir vor 15 Jahren und obwohl diese angeblich entschärften Filterzigaretten inzwischen einen Marktanteil von mehr als 86 Prozent erreicht hätten. Wären die »leichten« Zigaretten wirklich weniger schädlich, hätte längst ein Stillstand oder ein Rückgang der Lungenkrebssterblichkeit eintreten müssen, schreibt Schmidt.

Rauchen und Gesundheit

AB7

Hinweis auf britische Statistik

Gegen den Einwand, dass Lungenkrebs eine lange Latenzzeit habe, führt Schmidt eine britische Untersuchung an 40000 Ärzten an. Dabei hätten sich von 1951 bis 1966 3 500 Ärzte das Rauchen abgewöhnt und so den Anteil der Raucher unter den britischen Ärzten von 44,1 auf 22 Prozent gesenkt. Parallel dazu sei die Lungenkrebsrate britischer Ärzte um rund ein Viertel gefallen, während sie bei der übrigen Bevölkerung gestiegen sei.
Noch problematischer wird die nach Ansicht des Heidelberger Wissenschaftlers unzulässige Reklame für leichte Zigaretten, wenn man die Giftwirkung des Kohlenmonoxids berücksichtige. Kohlenmonoxid blockiere bei Kettenrauchern bis zu 18 Prozent der roten Blutkörperchen und sei einer Reihe von Hinweisen zufolge speziell am Herzinfarkt von Rauchern maßgeblich beteiligt. Durch den erhöhten Zugwiderstand des Zigarettenfilters aber erhöhe sich der Gehalt an Kohlenmonoxid in Filterzigaretten gegenüber Filterlosen um fast ein Drittel. Eine amerikanische Untersuchung an 2000 Rauchern sei im vergangenen Jahr zu dem Ergebnis gekommen, dass die Lebenserwartung der Raucher „leichte Filterzigaretten" gegenüber Rauchern filterloser Zigaretten über deren ohnehin verkürzte Lebenserwartung hinaus um weitere 3,7 Jahre verkürzt sei.

präventiv	=	vorbeugend
Onkologie	=	Lehre von den Geschwulsterkrankungen
Inhalation	=	Einatmung
Teerkondensat	=	Teerbestandteil
kompensieren	=	ausgleichen
Latenzzeit	=	Zeit zwischen Ansteckung und Ausbruch der Krankheit

Arbeitsaufträge zu AB 6 und AB 7:

1. Zähle die fünf Faktoren beim Rauchen einer Zigarette auf, die für eine Gesundheitsschädigung maßgebend sind!
2. Wodurch nimmt die Schadstoffaufnahme durch den Körper auch beim Rauchen einer „leichten" Zigarette um mehr als das 100fache zu?
3. Woran kann man ablesen, dass die Gefahren einer Lungenkrebserkrankung auch durch das Rauchen „leichter" Zigaretten nicht abnehmen?
4. Wodurch sind Filterzigaretten noch gefährlicher als filterlose Zigaretten?
5. Gib ein Beispiel an, das den Zusammenhang zwischen Rauchen und Lungenkrebserkrankung aufzeigt!

BIOLOGIE Gesundheit

Einschätzung der eigenen Gesundheit

AB8

Fragebogen

Kreuze bitte diejenige Aussage spontan an, die für Dich momentan zutrifft:

- Ich fühle mich außerordentlich gesund ⚪
- Ich fühle mich sehr gesund ⚪
- Ich fühle mich nur mäßig gesund ⚪
- Meine Gesundheit ist stark beeinträchtigt ⚪
- Ich bin gar nicht gesund ⚪

Szenario: Ernährung und Gesundheit		AB9

Achtung: In der folgenden Übung sollt Ihr die Szenario-Methode anwenden:

- Szenarien verlassen niemals den Bereich des Möglichen. Beschreibt also, was tatsächlich passieren könnte und nicht, was lediglich wünschenswert ist. Szenarien gehören also nicht in den Bereich der Science-Fiction, die Utopien, also Unerreichbares beschreibt.
- Seit risikobereit und wagt euch auch an Extrem-Szenarien, denn diese lassen die Brisanz möglicher Entwicklungen besonders deutlich werden.

Fragestellungen:

1. Welche Folge hätte es für unsere Ernährung, wenn sich die Lebensmittel-Industrie weiterhin so rasant entwickelt wie bisher?
2. Welche Auswirkungen hätte das auf unser Essen und Trinken?

(Während der Gruppenarbeit projiziert der Lehrer eine Folie, die ein Nahrungsmittel als „Designer-Food" darstellt, z. B. eine eckige Tomate)

Arbeitsanleitung: Diskutiert in eurer Gruppe, wie die menschliche Ernährung bis zum Jahr 2050 aussehen könnte und entwerft unter Verwendung aktueller Entwicklungen ein fantasievolles Zukunftsbild!

1. Phase (3 Minuten): Jeder Schüler schreibt für sich auf, was ihm zur präsentierten Abbildung einfällt (freie Assoziation). Verwendet für jeden Begriff einen neuen Zettel (am besten DIN A 5), schreibt in Großbuchstaben, am besten mit Filzstiften.

2. Phase (15 Minuten): An der Tafel werden die angehefteten Begriffe mit Hilfe des Lehrers zu Haufen geordnet, so dass unterschiedliche Kategorien entstehen, z. B. Freizeitebene, ökologische Ebene, biologisch-medizinische Ebene, ökonomische Ebene, gesellschaftliche Ebene, Dritte Welt, küchenpraktische Ebene.

3. Phase (30 Minuten): Diskutiert in eurer Gruppe die aktuelle Ausgangslage bezüglich der Lebensmittel. Welche Fakten sind bekannt? Wer ist besonders betroffen? Einigt euch auf etwa 5 Statements (Kurzsätze, Überschriften), die ihr aufschreibt.

4. Phase (30 - 60 Minuten): Diskutiert in eurer Gruppe mögliche Entwicklungen, wobei ihr euer Fachwissen und eure Vorstellungskraft mit einbeziehen sollt. Benennt einen Protokollanten, der die Redebeiträge notiert. Wenn Ihr keine spontanen Ideen habt, könnte ihr auch zwischendurch eine Besinnungsphase einlegen, in der jedes Gruppenmitglied für sich auf einem Zettel das Szenarium ausgestaltet. Erstellt bitte am Ende dieser Phase einen Gruppenbericht.

5. Phase (30 Minuten): Vorstellung der verschiedenen Entwicklungsverläufe (Trend-Szenarien)

6. Phase (30 Minuten): Unter Leitung des Lehrers werden in einer „Auswirkungsanalyse" Chancen und Risiken die unterschiedlichen Trend-Beschreibungen abgewogen.

7. Phase (30 Minuten): In einem „Rückblick auf heute" (Szenario-Transfer) werden Lösungsansätze und Konsequenzen der vorgestellten Trends diskutiert, Ausweich- und Vermeidungsstrategien angesprochen. Zum Abschluss wird gemeinsam ein Handlungskatalog aufgestellt, der auch eine Prioritätenliste beinhalten sollte:

Was kann der Einzelne, die Gruppe, die Partei, die Gemeinde, die Schule tun?

Szenario:
Ernährung und Gesundheit

AB9

Eckige Tomaten **Früchte-Mousse**

Risikofaktoren menschlicher Gesundheit

AB10

Benötigte Hilfsmittel: Taschenrechner

Arbeitsanweisung:
Versuche mit Hilfe des Papiercomputers (AB 10a) eine *Einschätzung* der Wirksamkeit der unterschiedlichen „Lebensfaktoren" auf die menschliche Gesundheit vorzunehmen.
Hierbei bedeutet:
- 0 = keine Wirkung
- 1 = schwache Wirkung
- 2 = mittlere Wirkung
- 3 = starke Wirkung

1. Wie wirkt A auf B, wie wird A von B beeinflusst? Fahre entsprechend fort mit den übrigen Faktoren. Fülle die einzelnen Kästchen mit deinen Einschätzungswerten aus.

2. Rechne anschließend für jeden Faktor die „Aktionssumme" (Addition aller waagerechten Werte pro Zeile) und die „Passivsumme" (Addition aller senkrechten Werte pro Spalte) aus.

3. Bestimme nun den Quotienten (Summe aller Aktionssummen geteilt durch Summe aller Passivsummen) und das Produkt P (Summe aller Aktionssummen mal Summe aller Passivsummen).

4. Beantworte abschließend folgende Fragen:
 a) Welcher Faktor beeinflusst alle anderen am stärksten, wird jedoch gleichzeitig von diesen am schwächsten beeinflusst? Du findest ihn, wenn du die niedrigste Q-Zahl heraus suchst. Notiere diesen Wert als „aktives Element".
 b) Welcher Faktor beeinflusst die übrigen am stärksten, wird gleichzeitig aber auch von ihnen am stärksten beeinflusst? Du findest ihn, wenn du die höchste P-Zahl heraus suchst. Notiere diesen Faktor als „kritisches Element".
 c) Welcher Faktor beeinflusst alle übrigen am schwächsten, wird jedoch auch von diesen am schwächsten beeinflusst? Du findest ihn, wenn du die niedrigste P-Zahl suchst. Notiere diesen Faktor als „ruhendes Element".
 d) Welcher Faktor beeinflusst die übrigen am schwächsten, wird aber selbst am stärksten beeinflusst? Du findest ihn, wenn du die höchste Q-Zahl heraus suchst. Notiere diesen Faktor als „reaktives Element".
Achtung: Ergibt sich für den Q- und den P-Wert eine Null, so bleibt dieses Ergebnis bei der Auswertung unberücksichtigt!

BIOLOGIE Gesundheit

Risikofaktoren menschlicher Gesundheit

AB10a

Wirkung von ↓ / auf →		A	B	C	D	E	F	G	H	I	K	L	M	Aktionssumme AS	AS : PS = Q
Lebensstil	A	●												A	
Essen & Trinken	B		●											B	
Bewegung	C			●										C	
Drogenkonsum	D				●									D	
Wohnverhältnisse	E					●								E	
Arbeitsbedingungen	F						●							F	
Familiäres Umfeld	G							●						G	
Freundeskreis	H								●					H	
Geschlecht	I									●				I	
Alter	K										●			K	
Körpergewicht	L											●		L	
Medizinische Parameter	M												●	M	
		A	B	C	D	E	F	G	H	I	K	L	M		
Passivsumme PS															
AS x PS = P															

0 = keine Einwirkung
1 = schwache Einwirkung
2 = mittlere Einwirkung
3 = starke Einwirkung

 **Assoziation Gesundheit**

AB11

Arbeitsanleitung:

Zeichne einen Kreis und schreibe in diesen Kreis das Wort „Gesundheit".

Schreibe nun auf, was dir **spontan** zu diesem Begriff einfällt. Wichtig ist, dass du hierbei nicht nachdenkst, sondern von dir heraus „einfach so" deine Einfälle notierst. Schreibe deine Einfälle außen um den Kreis herum, wie es auf der Skizze angegeben ist. – Du hast für diese Aufgabe maximal zwei Minuten Zeit.

Kapitel 6

Drogen

BIOLOGIE Drogen — Alkohol - ist doch gar nicht so schlimm! — AB 1

Alkohol ist doch gar nicht so schlimm,
Alkohol trinkt doch fast jeder...

Stimmt diese Behauptung, die man häufig zu hören bekommt?
Wie denkt ihr darüber?
Mit einem „**Denkspiel**" könnt ihr euch darüber mehr Klarheit verschaffen!

Hier sind die „Denkregeln":

1. Setzt euch bitte einen Hut mit der Farbe Rot auf. Er bestimmt eure Denkrichtung. Eure Arbeitsgruppe soll ausschließlich „rot" denken. Was heißt das z. B., wenn einer sagt: „Jetzt sehe ich aber Rot..."? Im Volksmund bedeutet das: Jemand wird schnell zornig, folgt lediglich seinen Gefühlen und schaltet den Verstand aus.

2. Nehmt euch jetzt die Behauptung „Alkohol ist doch gar nicht so schlimm..." vor. Jeder ruft dann seine „rot gefärbten" Äußerungen in die Runde.

3. Ein Protokollant schreibt alle Äußerungen mit.

BIOLOGIE Drogen
Alkohol - ist doch gar nicht so schlimm!

AB 2

Alkohol ist doch gar nicht so schlimm,
Alkohol trinkt doch fast jeder...

Stimmt diese Behauptung, die man häufig zu hören bekommt?
Wie denkt ihr darüber?
Mit einem „**Denkspiel**" könnt ihr euch darüber mehr Klarheit verschaffen!

Hier sind die „Denkregeln":

1. Setzt euch bitte einen Hut mit der Farbe Weiß auf. Er bestimmt eure Denkrichtung. Eure Arbeitsgruppe soll ausschließlich „weiß" denken. Was heißt das z. B., wenn einer sagt: „Er schwenkt die weiße Fahne... "? Im Volksmund bedeutet das: Jemand will Frieden schließen und möglichst alle Beteiligten zufrieden stellen.

2. Nehmt euch jetzt die Behauptung „Alkohol ist doch gar nicht so schlimm..." vor. Jeder ruft dann seine „weiß gefärbten" Äußerungen in die Runde.

3. Ein Protokollant schreibt alle Äußerungen mit.

Alkohol - ist doch gar nicht so schlimm!

AB 3

Alkohol ist doch gar nicht so schlimm,
Alkohol trinkt doch fast jeder...

Stimmt diese Behauptung, die man häufig zu hören bekommt?
Wie denkt ihr darüber?
Mit einem „**Denkspiel**" könnt ihr euch darüber mehr Klarheit verschaffen!

Hier sind die „Denkregeln":

1. Setzt euch bitte einen Hut mit der Farbe Schwarz auf. Er bestimmt eure Denkrichtung. Eure Arbeitsgruppe soll ausschließlich „schwarz" denken. Was heißt das z. B., wenn einer sagt: „Jemand macht alles schlecht und sieht alles nur negativ."

2. Nehmt euch jetzt die Behauptung „Alkohol ist doch gar nicht so schlimm..." vor. Jeder ruft dann seine „schwarz gefärbten" Äußerungen in die Runde.

3. Ein Protokollant schreibt alle Äußerungen mit.

Alkohol - ist doch gar nicht so schlimm!

AB 4

Alkohol ist doch gar nicht so schlimm,
Alkohol trinkt doch fast jeder...

Stimmt diese Behauptung, die man häufig zu hören bekommt?
Wie denkt ihr darüber?
Mit einem „**Denkspiel**" könnt ihr euch darüber mehr Klarheit verschaffen!

Hier sind die „Denkregeln":

1. Setzt euch bitte einen Hut mit der Farbe Gelb auf. Er bestimmt eure Denkrichtung. Eure Arbeitsgruppe soll ausschließlich „gelb" Denken. Gelb steht für die wärmenden Sonnenstrahlen und man sieht folglich alles optimistisch.

2. Nehmt euch jetzt die Behauptung „Alkohol ist doch gar nicht so schlimm..." vor. Jeder ruft dann seine „gelb gefärbten" Äußerungen in die Runde.

3. Ein Protokollant schreibt alle Äußerungen mit.

 **Alkohol - ist doch gar nicht so schlimm!** AB 5

Alkohol ist doch gar nicht so schlimm,
Alkohol trinkt doch fast jeder...

Stimmt diese Behauptung, die man häufig zu hören bekommt?
Wie denkt ihr darüber?
Mit einem „**Denkspiel**" könnt ihr euch darüber mehr Klarheit verschaffen!

Hier sind die „Denkregeln":

1. Setzt euch bitte einen Hut mit der Farbe Grün auf. Er bestimmt eure Denkrichtung. Eure Arbeitsgruppe soll ausschließlich „grün" denken. Was heißt das z. B., Wenn jemand sagt: "Grün ist die Hoffnung...?" Im Volksmund bedeutet das: Jemand hat viele Ideen und Fantasie.

2. Nehmt euch jetzt die Behauptung „Alkohol ist doch gar nicht so schlimm..." vor. Jeder ruft dann seine „grün gefärbten" Äußerungen in die Runde.

3. Ein Protokollant schreibt alle Äußerungen mit.

Alkohol - ist doch gar nicht so schlimm!

AB 6

Alkohol ist doch gar nicht so schlimm,
Alkohol trinkt doch fast jeder...

Stimmt diese Behauptung, die man häufig zu hören bekommt?
Wie denkt ihr darüber?
Mit einem **„Denkspiel"** könnt ihr euch darüber mehr Klarheit verschaffen!

Hier sind die „Denkregeln":

1. Setzt euch bitte einen Hut mit der Farbe Blau auf. Er bestimmt eure Denkrichtung. Eure Arbeitsgruppe soll ausschließlich „blau" denken. Blau steht für kühles, klares Wasser. Wer blau denkt, ist vernünftig und findet für alle Probleme kluge Lösungen.

2. Nehmt euch jetzt die Behauptung „Alkohol ist doch gar nicht so schlimm..." vor. Jeder ruft dann seine „blau gefärbten" Äußerungen in die Runde.

3. Ein Protokollant schreibt alle Äußerungen mit.

BIOLOGIE Drogen
Alkohol - ist doch gar nicht so schlimm!
AB 7

Materialbogen

Wie die Hüte zu basteln sind:
Jede Arbeitsgruppe bastelt sich ihre Hüte selbst. Benötigt wird pro Hut:
- Ein stabiler Karton DIN A 2 (bzw. 2 Blatt DIN A3) und
- durchsichtiges Klebeband

1. Legt den gefalteten Bogen quer und mit dem Falz nach oben vor euch.

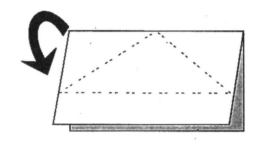

2. Schlagt links und rechts die Ecken so um, dass sie sich in der Mitte treffen.

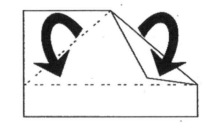

3. Schlagt den unteren verbleibenden Rand nach beiden Seiten zurück, So dass ein Schiffchen entsteht.

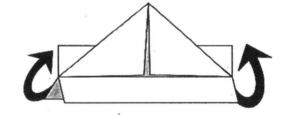

4. Knickt die überstehenden Ecken jeweils gegen einander um. Klebt gegebenenfalls die Ecken mit Klebeband fest.

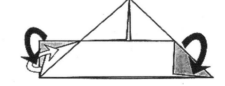

Verführung zum Alkoholtrinken

AB 8

„Stell dich doch nicht so an!"

Marion erzählt:

Neulich bei meinem 12. Geburtstag waren wir beim Kaffeetrinken eine gemütliche Runde. Neben meinen Eltern waren Tante Vera und Onkel Gerd da. Zu der leckeren Schokoladentorte trank ich Orangensaft. Nach Kaffee und Kuchen holte mein Vater eine Flasche Kirschlikör aus der Bar: „Damit es besser rutscht!" sagte er und goss den Erwachsenen ein Glas ein. Gerade hatte er „Na, dann Prost!" gesagt und wollte dazu das Glas heben, da unterbrach ihn Onkel Gerd: „Und was ist mit unserem Geburtstagskind? Marion kann doch heute ein Gläschen mittrinken. Mit 12 ist sie doch schon fast erwachsen!"

Vati zögerte einen Moment und murmelte: „Warum eigentlich nicht." Dann goss er auch mir ein Glas ein. Eigentlich wollte ich gar keinen Alkohol trinken. Der schmeckt sowieso nicht und überhaupt, was man so alles darüber hört! Doch andererseits war ich ganz stolz, dass ich heute zu den Erwachsenen gerechnet wurde.

Vati sagte wiederum laut: „Prost!" Dann tat ich wie die anderen und trank das Glas mit einem Schluck aus. Der Likör schoss wie ein Feuerstrahl meine Speiseröhre hinunter, mein Hals brannte und für einen Moment blieb mir fast die Spucke weg. Die anderen mussten das mitbekommen haben, denn sie amüsierten sich köstlich, während ich nach Luft rang. Onkel Gerd sagte: „Stell dich doch nicht so an!" Mit dem brennenden Hals konnte ich erst einmal gar nichts sagen, doch in meinem Inneren beschloss ich...

....
....
....
....

Was hat Marion wohl beschlossen?
Besprecht in der Gruppe die folgenden Fragen und schreibt dazu jeweils Stichpunkte auf:

1. Wie fühlt sich Marion bei Onkel Gerds Vorschlag?
2. Darf der Vater seiner 12-jährigen Tochter überhaupt Alkohol anbieten?
3. Wie hätte Marion noch auf die Aufforderung reagieren können?
4. Was hättet ihr an Marions Stelle getan?
5. Ist Marion zu empfindlich?
6. Wie bewertet ihr die Reaktion von Onkel Gerd?

BIOLOGIE Drogen

Prost

AB 9

1. Bestimmt in eurer Gruppe einen Protokollanten.
2. Der Protokollant sammelt eure Kommentare zu dieser Karikatur
3. Auf welches Problem wird mit der Abbildung aufmerksam gemacht?
4. Welche Erfahrungen haben
   a) die Jungen unter euch
   b) die Mädchen unter euch
   in ähnlichen Situationen?

Schreibt eure Arbeitsergebnisse zu den Fragen 3 und 4 auf.

Sucht hat viele Gesichter

AB 10

Arbeitsanleitung:

1. Süchtiges Verhalten gibt es auch ohne Drogen. Auf der Abbildung sind solche Süchte symbolisch dargestellt. Hier sollt herausfinden, um welche es sich handelt!

   Schreibt die dargestellten Abhängigkeitsformen auf.

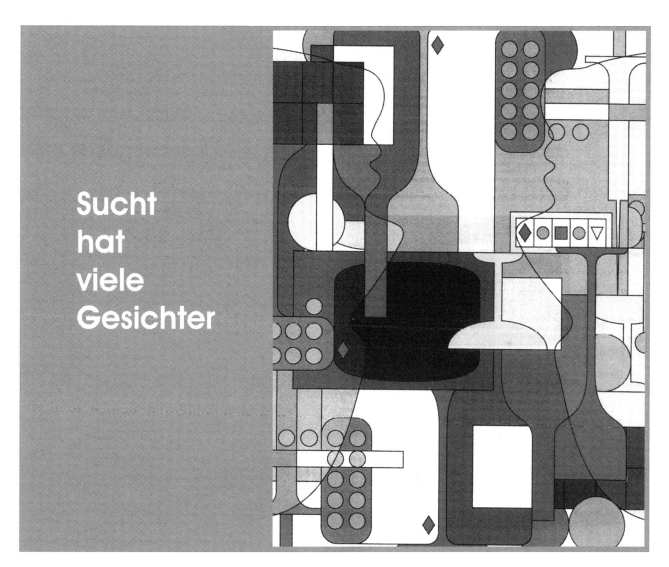

2. Was ist allen diesen Süchten gemeinsam?

3. Sucht euch eine Abhängigkeitsform heraus und versucht mit euerem Nachbarn das zum Ausdruck gebrachte süchtige Verhalten durch die Diskussion folgender Fragen zu erklären:
   a) Welche Gründe sind denkbar, die nicht zu einer derartigen Sucht führen?
   b) Welche Konsequenzen können sich für den Menschen aus dieser Verhaltensweise ergeben?

| | Zukunftswerkstatt
Alkohol - eine unverzichtbare
Droge? | | AB11 |

1. Arbeitsschritt: Kritikphase

Stellt euch folgende Situation vor: Alkohol kommt in diesen Tagen gänzlich als neue Designer-Droge auf den Markt. Würde diese Droge aufgrund ihrer gesundheitlichen und gesellschaftlichen Auswirkungen verboten werden?

In den folgenden Stunden sollt ihr mit der Methode „Zukunftswerkstatt" folgender Leitfrage nachgehen:
Welche Maßnahmen sollten in unserer Gesellschaft unternommen werden, um bei Jugendlichen und Erwachsenen eine kritische Einstellung zum Alkoholtrinken und einen kontrollierten Umgang mit alkoholischen Getränken zu erreichen?

In einer „Zukunftswerkstatt" lassen sich folgende Arbeitsphasen unterscheiden:
- die Kritikphase,
- die Utopiephase und
- Realisierungsphase.

In der Kritikphase sollt ihr eure Kritik und euren Unmut zu der
Alkoholproblematik in Deutschland auf den ausgegebenen Zetteln notieren:
- Was kritisiert ihr konkret?
- Was empört euch?
- Was stört euch?

Zeigt eure Gefühle und sprecht die Probleme in aller Deutlichkeit an!

Arbeitsanweisung:

In einer ersten Arbeitsrunde schreibt jede(r) für sich auf einem Zettel auf, was ihr/ihm alles an Kritik einfällt. Verwendet für jeden neuen Kritikpunkt einen neuen Zettel und schreibt gut lesbar in Druckbuchstaben.

Die Auswertung dieser Kritikphase findet anschließend im Plenum statt!

**Zukunftswerkstatt
Alkohol - eine unverzichtbare Droge?**

AB12

2. Arbeitsschritt: Utopiephase

Arbeitsanweisung:

1. Einigt euch in der Gruppe, was ihr zu eurem Themenschwerpunkt für wünschenswert haltet (und nicht bloß, was passieren könnte!).
   - Denkt das Undenkbare! Alles ist möglich und machbar!
   - Formuliert die Kritikpunkte um, so dass sie positiv bzw. utopisch werden!
   - Erträumt Visionen!
   - Entwickelt Fantasien!
   - Seid kreativ in euren Ideen!
   - Formuliert Ideen und Träume!

2. Wenn ihr eure Utopien entworfen habt, sollt ihr überlegen, wie ihr eure Ideen der Klasse überzeugend vermitteln könnt. Entwerft z. B. ein Poster!

3. Stellt eure Arbeitsergebnisse dem Plenum vor!

BIOLOGIE Drogen | **Zukunftswerkstatt Alkohol - eine unverzichtbare Droge?** | **AB13**

3. Realisierungsphase

Jetzt schlägt die Stunde der Wahrheit!
Was lässt sich von euren Ideen
- kurzfristig
- mittelfristig
- langfristig realisieren?

Arbeitsanweisung:

1. Formuliert eure Verbesserungsvorschläge schriftlich. Die folgenden Fragen sollen euch bei der Formulierung helfen:
    1. Wo gibt es Überschneidungen zu anderen Themenschwerpunkten?
    2. Mit wem (Personen, Einrichtungen) sollte Kontakt aufgenommen werden?
    3. Welche Verbündete könntet ihr benennen?
    4. Wie könnt ihr die Öffentlichkeit mit einbeziehen?
    5. Wie könnt ihr konkret vorgehen?
    6. Welche kleinen Schritte könnt ihr benennen?
    7. Welche Hindernisse bestehen?
    8. Von welcher Zeitplanung geht ihr aus?

2. Stellt euren Katalog von Vorschlägen großformatig als Plakat zusammen!

Kapitel 7

Sexualität

Empfängnisverhütung

AB 1

Anzeige

> Im Durchschnitt lieben sich Deutschlands Frauen und Männer zweimal in der Woche. Sie würden also bei einem Verhütungsmittel wie Patentex oval, das nur bei Bedarf angewendet wird, mit nur zwei Schaum-Ovula pro Woche zuverlässig geschützt sein.
>
> Das Schaum-Ovulum wird tief in die Scheide eingeführt, wie ein Tampon. Durch die natürliche Körperwärme schmilzt es und bildet nach 10 Minuten einen feinen, dichten Schaum, der die Spermien durch einen speziellen Wirkstoff befruchtungsunfähig macht und gleichzeitig eine stabile Barriere in der Vagina bildet.
>
> Durch diese doppelte Wirkung bietet Patentex oval bereits nach 10 Minuten zuverlässigen Schutz. Vor jedem weiteren Verkehr ist ein neues Ovulum einzuführen, um nach 10 Minuten wieder geschützt zu sein.
>
> Für alle Frauen, die ein Verhütungsmittel nur dann anwenden wollen, wenn sie es wirklich brauchen, gibt es mit Patentex oval also eine angenehme Alternative.
>
> Denn es schützt zuverlässig, ohne dass man es täglich anwenden muss.

Patentex oval ® Intravaginale Empfängnisverhütung. Patentex oval ist gut verträglich. In einzelnen Fällen kann es zu einem vorübergehendem Wärmegefühl kommen.

Intravaginal = in der Scheide drin

Ovulum = eigentlich Ei, Eizelle; hier jedoch in der Bedeutung „Zäpfchen"

Arbeitsaufträge:

1. Beschreibe die Anwendung von *Patentex oval*!
2. Welche Aussagen über die Wirksamkeit von *Patentex oval* werden in der Anzeige gemacht?

BIOLOGIE
Sexualität

Empfängnisverhütung

AB2

> ### „Es laufen immer mehr Patentex-Kinder herum"
> **Berliner Verbraucher bezweifeln den Begriff „Zuverlässigkeit" in der Werbung mit dem Verhütungsmittel**
>
> Verena F. war angetan vom Werbetext in der Illustrierten, als sie nach Alternativen zur Anti-Baby-Pille Ausschau hielt. „In Ihrer Liebe sind Sie sicher. Und wählen *Patentex oval*. Zuverlässig wie die Pille." Ein strahlendes Glück untermalte die Anzeige. Anderthalb Jahre benutzte die junge Frau „*Patentex oval*", das Schaumovulum, die „bewährte Verhütungsmethode" der Patentex GmbH in Frankfurt. Bis vor einem Jahr. Dann wurde sie schwanger. Das vor wenigen Monaten geborene Kind gab sie zur Adoption frei.
>
> Eine Regierungsrätin aus Westfalen beschrieb Dr. Möbius, dem verantwortlichen Redakteur des renommierten Berliner „arznei-telegramm" mit Sitz in der Zehlendorfer Albertinenstraße, exakt Anwendung und Häufigkeit ihres Gebrauchs von „*Patentex oval*". Nicht, dass sie etwas falsch gemacht hätte, aber: „Vor fünf Wochen bin ich glücklich niedergekommen."
>
> Die Zeitschrift „Eltern" startete zu dem Thema eine Umfrage. Von 60 Briefeschreiberinnen zeigten sieben an, trotz „*Patentex oval*" schwanger geworden zu sein. Beschwerden sich betrogen fühlender Frauen begegnete die Patentex GmbH mit dem Hinweis, eine Schwangerschaft sei auf eine falsche Anwendung zurückzuführen. Nur daran könne ihrer Meinung nach ein eventuelles Versagen liegen. Sowohl die betroffene Frau eines süddeutschen Arztes als auch die westfälische Regierungsrätin verwahrten sich in Briefen energisch dagegen.
>
> Für Dr. Möbius vom „arznei-telegramm" ist der Gebrauch von Ovulums ein „Roulettspiel". Es sei unverantwortlich, mit dem Begriff „zuverlässig" zu werben, da „immer mehr Patentex-Kinder herumlaufen."
>
> (aus: Der Tagesspiegel)

Arbeitsaufträge:

1. Vergleiche die Aussagen des Zeitungsberichtes mit den Versprechungen in der Werbeanzeige!

2. Worauf ist die geringe Sicherheit chemischer Verhütungsmittel (Schaumsprays, Vaginalzäpfchen und Vaginalcremes) zurückzuführen?

Empfängnisverhütung

AB 3

Gerade noch rechtzeitig
Die „Pille danach": Kann man sie bald ohne Rezept kaufen?

Freitagnacht: Ein verängstigt wirkendes junges Pärchen klingelt an der Tür der Apotheke, die Notdienst hat. Die beiden wissen genau, was sie brauchen. Doch um es von der Apothekerin zu bekommen, müssen sie zuvor noch in die Ambulanz einer Klinik. Die „Pille danach", die bis zu 72 Stunden nach einem ungeschützten Geschlechtsverkehr eine Schwangerschaft verhindert, ist nämlich bisher in Deutschland nur auf Rezept zu haben. Theoretisch hätten die beiden jungen Leute, die ein geplatztes Kondom in Aufregung versetzte, zwar noch Zeit bis zum nächsten Morgen. „Aber in einem solchen Fall ist es schwer, jemanden auf den Besuch beim Frauenarzt am nächsten Morgen zu verweisen", weiß Magdalene Linz, Präsidentin der Apothekerkammer Niedersachsen, aus Erfahrung. „Wir hoffen, dass es bald zu einer Freigabe kommt", sagt dagegen Elisabeth Pott, die Direktorin der Bundeszentrale für gesundheitliche Aufklärung. Die Zentrale macht eine Umfrage zur „Pille danach", deren Ergebnisse bald vorliegen werden. Für Pott ist klar, dass diese Möglichkeit zur nachträglichen Empfängnisverhütung heute zur Sexualaufklärung gehört. „Jugendliche würden von der Freigabe besonders profitieren."

Erfahrungen mit der rezeptfreien Abgabe des Hormonpräparats bestehen in 28 Ländern, unter anderem auch in Großbritannien, der Schweiz und Frankreich. Im April 2003 hat auch der Hersteller des US-amerikanischen Nachverhütungsprodukts einen Antrag auf Aufhebung der Rezeptpflicht gestellt, untermauert durch fast 40 wissenschaftliche Studien. In Frankreich ist die rezeptfreie Abgabe in Apotheken seit einigen Jahren erlaubt. Mehr als 85 000 Frauen wenden das Mittel in jedem Monat an. Nach Einschätzung der Pariser Gynäkologin und Vorsitzenden der Französischen Vereinigung für Kontrazeption Elisabeth Aubeny, ist es „die Antwort auf ein wirkliches Bedürfnis."

Allerdings ist es nicht empfehlenswert, sich auf die „Pille danach" als einzige Verhütungsmethode zu beschränken: Erstens ist sie teuer (Hexal® ca. 16 Euro) und zweitens: Einige Frauen reagieren auf das Gestagen-Präparat mit Übelkeit und Erbrechen. Die klassische Anti-Baby-Pille ist zudem deutlich sicherer, denn die Wirksamkeit der Notfall-Pille nimmt ab, wenn sie öfter genommen wird. Ernste Nebenwirkungen, wie z. B. die Bildung von Blutgerinnseln, wurden von dem reinen Gestagen-Präparat jedoch nicht bekannt.

Wie die „Pille danach" wirkt, ist noch immer nicht bis ins letzte Detail geklärt. So viel weiß man indes: Sie hat Einfluss auf den Eisprung, den sie verzögert oder sogar verhindert. Das Gestagen-Präparat kann aber auch den Transport von Eizelle und Samenzelle in den Eileitern beeinflussen und zu einem späteren Zeitpunkt sogar die Einnistung einer befruchteten Eizelle in die Gebärmutter verhindern. Soll das zuverlässig auch mehr als 72 Stunden nach dem ungeschützten Geschlechtsverkehr geschehen, dann empfiehlt sich aber statt der Notfall-Pille das Einsetzen einer Kupfer-Spirale. Sie eignet sich auch danach als Methode zur dauerhaften Verhütung.

Hat sich die befruchtete Eizelle schon in der Gebärmutter eingenistet, dann kann die „Pille danach" diesem frühen Embryo nichts anhaben, soweit man heute weiß. Einen Schwangerschaftsabbruch bewirkt das Mittel auf jeden Fall nicht. Trotzdem verwechseln viele Leute die „Morning-after-Pill" mit der „Abtreibungspille" (Mifepriston, auch als RU 486 bekannt), einem stark wirksamen Anti-Gestagen, das zu einem Absterben des eingenisteten Eies führt und von daher einem Schwangerschaftsabbruch gleich kommt.

Fazit: Die „Pille danach" ist geeignet, eine „wichtige Lücke zwischen Verhütung und Schwangerschaftsabbruch zu schließen", also Abtreibungen vermeiden zu helfen, wie Monika Häußler von „pro familia" sagt.

(Quelle: Tagesspiegel)

Arbeitsaufträge:
1. Wie wirkt die „Pille danach"?
2. Wie bekommt man die „Pille danach"?
3. Wie unterscheidet sich die „Pille danach" biologisch von der „Abtreibungspille RU 486"?

Schwangerschaftsabbruch

AB4

Die Leibesfrucht spricht

„Für mich sorgen sich alle: Kirche, Staat, Ärzte und Richter. Ich soll wachsen und gedeihen; ich soll neun Monate schlummern. Ich soll es mir gut sein lassen sie wünschen mir alles Gute .Sie behüten mich. Wer mich anrührt, wird bestraft. Meine Mutter fliegt ins Gefängnis, mein Vater hiernach.. Der Arzt, der es getan hat, muss aufhören, Arzt zu sein. Die Hebamme, die geholfen hat, wird eingesperrt ich bin eine kostbare Sache. Für mich sorgen sie alle: Staat, Ärzte und Richter. Wenn aber diese neun Monate vorbei sind, dann muss ich sehen, wie ich weiterkomme. Die Tuberkulose? Kein Arzt hilft mir. Nichts zu essen? Keine Milch? Kein Staat hilft mir.- Qual und Seelennot? Die Kirche tröstet mich, aber davon werde ich nicht satt. Und ich habe nichts zu brechen und zu beißen, und jetzt stehle ich. Gleich ist der Richter da und setzt mich fest. 50 Lebensjahre wird sich niemand um mich kümmern, niemand. Da muss ich mir selbst helfen.

Neun Monate bringen sie sich um, wenn mich einer umbringen will. Sagt selbst: Ist das nicht eine merkwürdige Fürsorge?"

Kurt Tucholsky, Anfang des 20. Jahrhunderts

Arbeitsauftrag:

1. Versuche, dich in die Situation des Textes hinein zu versetzen. Was empfindest du?

2. Wie würdest du reagieren?

Pornographie

AB5

Am Beispiel des Gemäldes „Der Ursprung der Welt" von Gustave Courbet aus dem Jahr 1866 sollt ihr zu zweit (oder in der Gruppe) über Pornografie diskutieren. Als zusätzliches Arbeitsmaterial ist ein Brief einer Zeitungsleserin abgedruckt, die sich über den Abdruck des Gemäldes anlässlich einer Courbet-Ausstellung im Berliner „Tagesspiegel" beschwerte. Ein Protokollant soll die formulierten Aussagen notieren. Die folgenden Fragen sollt ihr im Verlauf der Diskussion beantworten:

1. Was bedeutet Pornografie strafrechtlich?
2. Was bedeutet Pornografie für jeden einzelnen von euch?
3. Äußert euch zur Meinung der Briefschreiberin!

Leserbrief

Ich bin langjähriger Leserin Ihrer Zeitung, aber seit dem 29. Mai muss ich diese Entscheidung schon fast in Zweifel ziehen. Diese obszöne Seite in einer seriösen Zeitung, für die ich den Tagesspiegel gehalten habe, grenzt ja wohl an Pornografie. Ist es so wichtig für Sie, sich der Boulevard-Presse zu nähern? Ich dachte, dass Sie das nicht nötig hätten; die Berichte über die entsprechenden Themen hätten ja wohl auch gereicht.
Waltraut Kraft, Berlin-Tempelhof

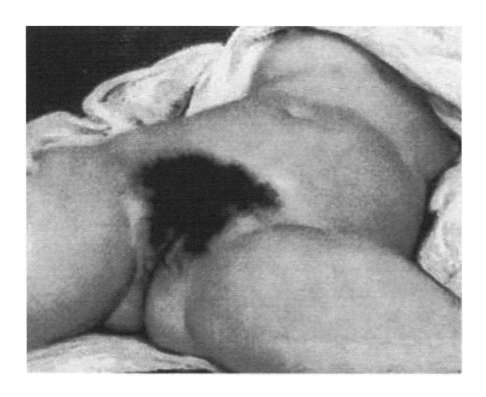

Ausgesprochen unaussprechlich

AB6

<u>Arbeitsmaterial:</u> Jeweils etwa 60 Zettel in den Farben blau, rot, rosa im Format DIN-A6 (oder die Zettel sind mit Filzstiften in diesen Farben kenntlich gemacht).

<u>Arbeitsanweisungen:</u>
1. Schreibt nun alle euch bekannten Bezeichnungen für Penis (Farbe blau), Vagina (Farbe rot) und Coitus (Farbe rosa) auf die entsprechenden Farbzettel, je Zettel nur ein Begriff. Hierbei soll es euch egal sein, ob euch die Worte gefallen oder nicht.

Penis	Vagina	Coitus

2. Anschließend werden die Zettel eingesammelt, gemischt und unter die jeweiligen Oberbegriffe an die Tafel geklebt. Der Lehrer (oder ein Schüler) liest alle Begriffe einmal laut vor, um mögliche Hemmungen der Schüler weiter abzubauen.
3. Schließlich kann jeder Schüler ohne Aufruf nach vorn kommen und diejenigen Begriffe, die ihm nicht gefallen, abnehmen.

<u>Auswertung:</u>

1. Warum habt ihr bestimmte Begriff abgehängt?

2. Welche Begriffe gefallen euch? Welche wollt ihr in Zukunft mit wem verwenden?

Typisch männlich - typisch weiblich !?

AB 7

Was ist typisch männlich? Was ist typisch weiblich?

1. Kreuze bei den einzelnen Gegensatzpaaren jeweils die Nummer an, die deiner Meinung nach zutrifft.
(3 = trifft sehr zu; 2 = trifft zu; 1= trifft wenig zu; 0 = ich kann mich nicht entscheiden)

2. Verwende für den Mann einen blauen Stift und für die Frau einen roten.

3. Verbinde die Kreuze des Mannes bzw. der Frau mit einer durchgehenden Linie in der entsprechenden Farbe.

	3	2	1	0	1	2	3	
klein								groß
schwach								stark
rund								eckig
feig								mutig
wild								sanft
traurig								froh
aktiv								passiv
kalt								warm
rauh								glatt
leise								laut
schön								hässlich
jung								alt

BIOLOGIE Sexualität

Typisch männlich - typisch weiblich

AB 8

Junge oder Mädchen?

Mir wird meine Familie später sehr wichtig sein **Bild 1**	Ich möchte mal richtig verliebt sein **Bild 2**	Ich habe einen starken Geschlechtstrieb **Bild 3**
Meine Hobbys: stricken und lesen **Bild 4**	Ich brauche viel Zärtlichkeit **Bild 5**	Ich interessiere mich sehr für Technik **Bild 6**
Ich bin von Natur aus treu **Bild 7**	Ich werde im Beruf sehr erfolgreich sein **Bild 8**	Ich sehe gern Liebesfilme **Bild 9**

Wenn Du der Meinung bist, dass der Satz typisch für Mädchen ist, schreibe in den Kopf das Wort „Mädchen", wenn du ihn eher einem Jungen zuordnen würdest, schreibe das Wort „Junge".

Bau eines Liebeshauses

AB9

<u>Arbeitsmaterial:</u> pro Teilnehmer etwa 6 - 8 farbige Papierstreifen von ca. 15 cm Länge und ca. 2 - 3 cm Breite; Klebstoff, eventuell Pappe als Unterlage

<u>Arbeitsanweisung:</u>

1. In Einzelarbeit soll zunächst jeder auf die Streifen Begriffe schreiben, die für ihn/sie für eine Partnerschaft wichtig sind; für jeden Streifen nur ein Begriff!

2. Wenn alle fertig sind, werden Kleingruppen von 4 6 Teilnehmern gebildet, die sich in eine ruhige Ecke zurückziehen. Die Gruppe hat den Auftrag, mit ihren verschiedenfarbigen Papierstreifen ein Haus der Liebe zu bauen. Zuvor sollen die Teilnehmer diskutieren, an welche Stelle des Hauses die einzelnen Papierstreifen gehören. Dazu müssen diese erst von allen gelesen und verglichen werden. Dann soll gemeinsam überlegt werden, was alles zu einem Haus gehört, wie z. B. Fundament, Stützmauern, Haustür, Dach, Garten usw.

3. Auf einer Unterlage wird nun gemeinsam das Haus errichtet entweder als Bild oder auch dreidimensional.

4. Wenn alle fertig sind, werden die Liebeshäuser dem Plenum vorgestellt, wobei die jeweilige Gewichtung oder der gewählte Baustil deutlich werden soll.

Fragebogen Sexualität

AB 10

Mädchen O
Junge O

Kreuze an!

1. Was verstehst Du unter dem Begriff »sexuell«?

2. Welche Teile gehören zu den Geschlechtsorganen des Mannes?
   a) innere:
   b) äußere:

3. Welche Teile gehören zu den Geschlechtsorganen der Frau?
   a) innere:
   b) äußere:

4. Unter welchem Namen sind Dir die Geschlechtsorgane bekannt
   a) des Mannes:
   b) der Frau:

5. Ab welchem Alter erhält man die Pille?

6. Welche Bücher sind Dir bekannt, die über die menschliche Sexualität informieren?

7. Woran merkt ein Mädchen, dass es geschlechtsreif ist?

8. Woran merkt ein Junge, dass er geschlechtsreif ist?

9. Warum haben manche Menschen Schuldgefühle, wenn sie onanieren?

10. Bei welchem Verhütungsmittel kannst Du die Anwendung beschreiben?

11. Über welche Fragen der Sexualität, die Dich interessieren, möchtest Du im Rahmen des Unterrichts gern informiert werden?

Leserbriefe aus der „Bravo"

AB 11

Pille bei Regelschmerzen

Vera, 14: Vor einer Woche war ich beim Frauenarzt und bekam wegen meiner Regelschmerzen die Pille verschrieben. Darüber bin ich gar nicht unglücklich, da ich einen Freund habe, mit dem ich mal schlafen möchte. Die Pille soll ich das erste Mal nehmen, wenn meine Regel einsetzt, oder? Der Arzt hat auch gesagt, dass ich die Pille 21 Tage nehmen soll, und dann nur fünf Tage Pause machen soll, statt der normalen sieben Tage. Ist die dann genauso sicher? Was passiert, wenn ich die Pille einmal vergesse? Kann ich sie dann normal weiter nehmen? Muss sie immer zum gleichen Zeitpunkt eingenommen werden? Ich habe zwar den Beipackzettel gelesen, möchte aber ganz sicher gehen, dass ich auch alles richtig verstanden habe.

Angst vor AIDS

Roswitha, 14: Ich habe eine Frage: Wenn ich mal einen Jungen kennenlernen würde, hätte ich Angst, ihn zu fragen, ob er AIDS hat. Wie soll ich mich dann verhalten? Ich kann ihm doch nicht einfach einen Gummi überziehen. Da fragt er womöglich, was das soll.

Sieht man es mir an?

Bianca, 12: Ich befriedige mich selber. Wie kann ich davon loskommen? Meine Schulkameraden fragen mich immer, ob ich es mir selber besorge. Dann sage ich nein. Sieht man es einem vielleicht an, wenn man es gemacht hat? Ist es schädlich, wenn man es häufiger tut? In meinem Alter möchte ich ja noch gar nicht mit einem Jungen zusammen sein. Aber warum muss ich es dann immer wieder tun?

Hemmungen wegen des Penis

Doris, 16: Mein Freund hat ein Problem, und ich möchte ihm gerne helfen. Er sagt immer, dass er für sein Alter (19) einen viel zu kleinen Penis hat. Er ist im erregten Zustand nur 12,5 cm lang und hat einen Umfang von 11,5 cm. Seit zwei Monaten schlafen wir miteinander. Ich bin bis jetzt bloß einmal zum Orgasmus gekommen. Mein Freund sagt, das würde an seinem kleinen Penis liegen. Ich weiß aber, dass die Größe des Penis für das Mädchen gar keine Rolle spielt. Das stimmt doch, oder? Kann der Penis meines Freundes in seinem Alter noch wachsen?

Mutter ist so altmodisch

Alice, 14: Ich habe zwei Probleme, die mir Angst machen. Seit einem Jahr schon kommt aus meiner Scheide ein mächtiger Ausfluss. Kann das eine Geschlechtskrankheit sein? Ich habe gehört, dass so etwas meldepflichtig ist, stimmt das? Das zweite Problem ist, dass ich immer noch nicht meine Regel habe. Alle in meiner Klasse haben sie schon. Einige Mädchen meinen, dass ich mir langsam mal Gedanken darüber machen sollte. Meiner Mutter möchte ich das gar nicht sagen, da sie ein bisschen altmodisch in Sachen Sexualität ist. Mit wie viel Jahren bekommt ein Mädchen eigentlich normalerweise seine Regel?

Verschiedene Themen

Seit einige Zeit beobachte ich (m., 16 J.), dass sich auf der Unterseite meines Gliedes pickelähnliche Geschwüre bilden. Ich habe wahnsinnige Angst davor, Tripper zu haben.

Ich (w., 17 J.) schlief vor kurzem mit meinem Freund. Ich habe jetzt große Angst, dass ich AIDS habe. Was soll ich bloß tun? Es geht mir wirklich sehr schlecht. Ich habe Kopfschmerzen und bin seit Tagen schrecklich zerschlagen.

Ich (w., 15 J.) leide darunter, dass ich keinen Freund habe. Denn ich sehne mich so nach Liebe und Zärtlichkeit. Andere Mädchen in meinem Alter haben doch auch schon Freunde.

Versucht, die in den fünf Themengruppen gestellten Fragen zu beantworten.

Was ist für dich Liebe?

AB12

Arbeitsanweisung:

Schreibe auf, was dir spontan einfällt zu der Frage:

Was ist für dich Liebe?

Kapitel 8

Lösungen

Können Regenwürmer sehen und riechen?

AB 1

Achtung: Legt den Wurm nach jedem Versuch kurz in die Petrischale mit dem angefeuchteten Filterpapier! Austrocknungsgefahr!!!

Versuch 1:
1. Nehmt ein Stück Papier und faltet es wie ein Dach.
2. Stülpt das Dach über das Vorderende des Wurms und beleuchtet mit der Lampe das Hinterende. Was beobachtet Ihr?

Der Regenwurm kriecht rückwärts und zieht das Hinterende unter das Dach. Die Reaktion erfolgt sehr schnell.

3. Bedeckt sowohl das Hinterende als auch das Vorderende des Wurms mit einem Dach und beleuchtet die Mitte. Was beobachtet Ihr?

Es dauert sehr lange bis der Regenwurm reagiert und unter eines der Dächer kriecht.

Ergebnis: Versuch 1

Am Vorder- und Hinterende ist die Lichtempfindlichkeit am größten, in der Mitte am geringsten. Der Wurm besitzt vorne und hinten viele Lichtsinneszellen, in der Mitte nur wenige.

Versuch 2:
Legt den Wurm auf den Tisch und beleuchtet das Vorderende. Richtet den Strahl der Lampe so aus, dass er nur auf den Kopf fällt, aber immer aus einer anderen Richtung kommt (von oben, von unten, von rechts, von links). Was beobachtet Ihr?

Der Regenwurm dreht sich stets vom Licht weg.

Ergebnis: Versuch 2
Der Wurm unterscheidet hell und dunkel. Bei sehr hellem Licht flieht er. Er schützt seine Haut so vor Austrocknung und vor dem Lichttod.

Versuch 3:
Tränkt je ein Wattestäbchen mit Essig oder Zitronensäure. Bringt dieses Wattestäbchen in die Nähe des Vorder- und Hinterende des Wurms. Berührt jedoch nie den Wurm! Wiederholt den Versuch mit einem wassergetränkten Wattestäbchen. Was beobachtet Ihr?

Der Regenwurm weicht dem essiggetränkten Wattestäbchen aus, bei Wasser zeigt er keine Reaktion.

Ergebnis: Versuch 3

Würmer kommen oft mit verschiedenen Stoffen in Kontakt und müssen auf diese reagieren. Der Wurm besitzt Sinneszellen, mit denen er riechen kann

Ökologie contra Ökonomie am Beispiel des Kormorans

AB2

Wer spielt seine Rolle überzeugender?

Beteiligte am Rollenspiel	Punkte
Geschäftsführer der Edelfisch GmbH	6
Referatleiter für Artenschutz im Umweltministerium	
Hobby-Ornithologie	
Anwohner der Kormoran-Kolonie	4
Vertreter des BUND (Bund für Naturschutz in Deutschland)	2
Hausfrau	

Du kannst bis zu 12 Punkte vergeben!

Warum werden Kormorane häufig als „Seeraben" oder „Fischräuber" verunglimpft?
Da sie die Konkurrenten für die Fischer sind!

Vokabelfallen im Verhältnis Mensch - Natur

AB 3

	Beschreibe die in diesen Begriffen zum Ausdruck kommende Sichtweise	Erfinde einen Begriff, der die ökologischen Zusammenhänge deutlich macht und eine ganzheitliche Sicht eröffnen
Unkraut	hat keinen Wert	Grünzeug, Acker-Begleitflora, Wildkraut
Schädling		
Ungeziefer		
Untier		
Ungeheuer		
Raubtier	unmoralisches Verhalten	Beutegreifer
Raubfisch	unmoralisches Verhalten	Beuteschnapper
Raubvogel	unmoralisches Verhalten	Greifvogel
Killerwal	unmoralisches Verhalten	Schwertwal
Mörderbienen		
Abfall	ist nichts wert	Wertstoff
Unrat	ist nichts wert	Halbwüste
Ödland	hat keinen Wert	Savanne
Pflanzenschutzmittel		

Erfinde die ideale Stadtpflanze

AB 4

Gesucht wird eine Pflanze, die an die zahlreichen lebensfeindlichen Bedingungen der Innenstadt besonders gut angepasst ist. Solche Bedingungen sind z. B.

- viel Verkehr (Reifen- und Fußabdrücke);
- wenig Niederschlag;
- Niederschlag fließt schnell ab;
- Geringe Luftfeuchtigkeit;
- viele Feinde:
- wenige Insekten;
- der Boden ist hart und oft durch Beton und Steine fast völlig verdeckt

Lösungen

5. Merkmale: Sehr niedriger, maximal 4 cm hoher Stängel, so dass er Fuß- und Reifendrücken standhält. Der Stängel ist ebenso wie die peitschenartigen Seitensprosse mit Widerhaken besetzt. Alle Sprosse treiben beim Abknicken oder bei Bodenberührung sofort Wurzeln und bilden eine Tochterpflanze. Die Flachwurzel ist fleischig und wasserspeichernd. Aus schlafenden Knospen treiben Tochterpflanzen. Klebrige Drüsen auf zentralem Blütenblatt locken Insekten zum Bestäuben an, Samen mit behaartem Fallschirm.
6. Wiesenzunge, Gezackter Zahn, Weichteppich, Kleiner Ahorn, Großer Stern
7. Diese Pflanzen sind optimal an ihre Umweltbedingungen angepasst.

Stacheliges Peitschenkraut

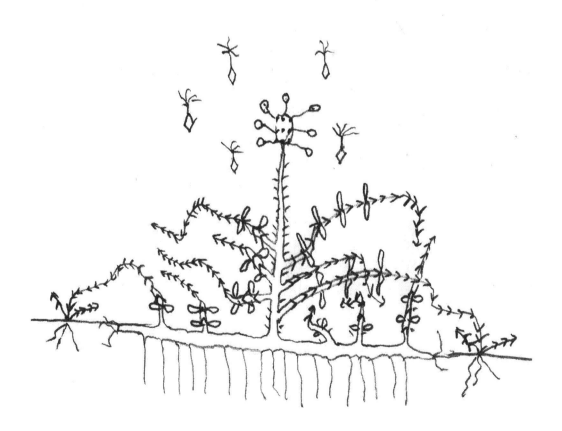

Erfinde das ideale Insekt

AB 5

Das Insekt lebt in kleinen Hohlräumen halbdunkler Eishöhlen. Seine Flügel sind verkümmert, da diese in den engen Gängen nicht benötigt werden.
Es ernährt sich von Blütenpollen und Bakterien auf der Eisoberfläche. Es saugt die Nahrung auf.
Es verteidigt sich gegen Fressfeinde mit seinem dichten Fell, dessen Haare ein extrem wirksames Gift enthalten.

Pelziger Stummelflügler

Lebensraum: Eishöhle

Es hat ein Fell und Füße wie Skier! Flügel braucht es nicht. Die Fühler sind gebogen, weil wenn es durch enge Gänge kommt, damit es durchgeht. Die Augen sind klein, weil es dunkel ist.

Inversionswetterlage und Luftbelastung

AB 6

„**Inversion**" nennen die Meteorologen das Wetter, bei dem eine warme Luftschicht kalte Luft am Boden festhält; die **Umkehrung** der Temperaturverhältnisse verhindert den sonst üblichen Aufstieg der wärmeren Luft am Boden in die kälteren Regionen in größerer Höhe. Hinzu kommen Windstille bzw. nur ganz geringe Windgeschwindigkeit und kein Niederschlag.

Praktisch sah das gestern so aus: Als um 11 Uhr 30 der Wetterballon mit der Messsonde aufgelassen wurde, wurden folgende Temperaturen gemessen

- in   1,5 Meter Höhe +4,0 °C
- in 155,0 Meter Höhe +2,0 °C und
- in 430,0 Meter Höhe, +5,5 °C, der Obergrenze der wärmeren Inversionsschicht
- in 600,0 Meter Höhe +1,0 °C.

Dazu wehte der Wind mit nur 0,7 m/s. Dieses „Inversionswetter" herrscht bei bestimmten Wetterverhältnissen wie z. B. Überlagerung der unteren Luftschichten durch eine wärmere Luftschicht sowie fehlendem Niederschlag.

Was bedeutet eine solche Wetterlage für die Menschen?

Die Schadstoffe von Autos und Fabriken können nicht nach oben abziehen, so dass die Menschen sie einatmen, wodurch es zu erheblichen gesundheitlichen Beeinträchtigungen kommen kann.

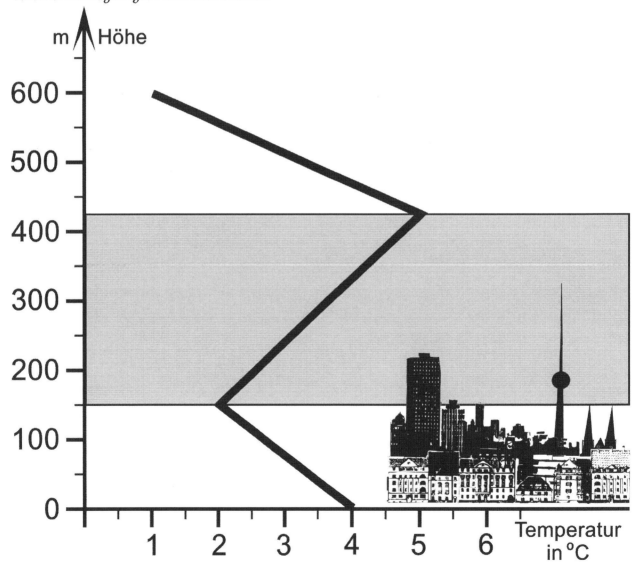

Straßenbäume sterben leise

AB 7

Vergleich zweier Bäume unterschiedlicher Standorte
Beobachtungsprotokoll

	Baum Nr. 1	**Baum Nr. 2**
1. Name der Baumart 2. Zeitpunkt der Untersuchung	Rosskastanie 3.7., 10:45 Uhr	Rosskastanie 3.7., 11:00 Uhr
3. Standortbeschreibung: a) Lage b) Autoverkehr c) unmittelbare Umgebung	 Bergstr. 3 auf dem Gehweg neben einer Bushaltestelle sehr stark um die Baumscheibe herum: Boden verdichtet und sehr trocken; Baumscheibe 1,80 m x 1,60 m	 Bergstr. 10; Grünanlage der Schule --- Rasen; dunkle und krümelige, feuchte Erde
4. Gesamteindruck des Baumes	Laub ziemlich verwelkt (gelblich); kümmerlich-kränklich	Laub überwiegend grün
5. Allgemeine Merkmale a) des Stammes b) der Äste c) der Blätter	 dicke Wurzelteile quellen aus dem Boden heraus, Rinde rissig zum Teil kahle Äste viele Blätter verwelkt; Ränder bräunlich	 Rinde fest kräftige, ausladende Äste; alle belaubt überwiegend saftig grün; einige jedoch mit bräunlichen Flecken
6. Zusammenfassung der Beobachtungsergebnisse	Blätter sind schon so welk wie im Herbst. Baum ist krank	Baum macht einen gesunden Eindruck

AB 11

Blattprobe 1

22.8.2011, Mittelstreifen der Bundesallee, + 26° C, wolkenlos: Kirschlorbeer

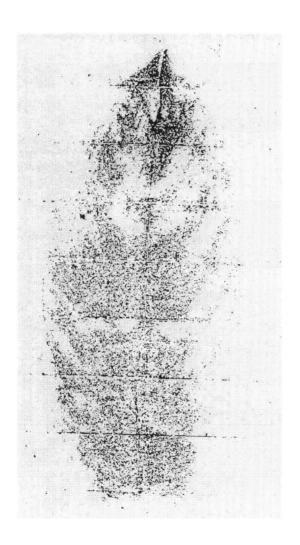

BIOLOGIE Ökologie — Nahrungsketten

AB 12

1. Stelle von den nachfolgend aufgezählten Organismen Paare zusammen, die untereinander eine Nahrungsbeziehung aufweisen:

   Organismenarten: Hecht, Möwe, Algen, Plötze, Wasserfloh, Barsch, Gelbrandkäferlarve, Mensch

   Paarbeziehungen: Alge und Wasserfloh, Plötze und Barsch, Gelbrandkäferlarve und Wasserfloh, Hecht und Mensch, Möwe und Barsch

2. Trage die Namen so in die Kästchen ein, dass eine mögliche Reihenfolge von Fressen und Gefressenwerden entsteht. Gib durch Wirkungspfeile (→) an, zwischen welchen Organismenarten eine direkte Beziehung besteht (Pfeilspitze zeigt dem Weg der Nahrung folgend zum Verzehrer).

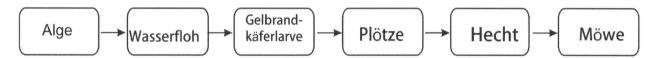

Alge → Wasserfloh → Gelbrandkäferlarve → Plötze → Hecht → Möwe

3. Ordne die folgenden Organismen so, dass ein Beziehungsgefüge in Form eines Pfeildiagramms entsteht. Vergiss nicht, die Pfeile zu setzen!

   Organismenarten: Meise, Blatt, Greifvogel, Raupe

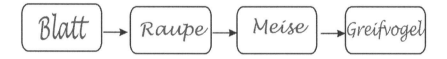

Blatt → Raupe → Meise → Greifvogel

4. Welche Lebewesen stellen immer die „Endverbraucher" von Beziehungsgefügen dar?

   Beutegreifer

5. Welches ist ein Beziehungsgefüge in der richtigen Reihenfolge?

a)	Kiefer	Eichhörnchen	Specht	Pilz	O
b)	Forelle	Hecht	Karpfen	Ente	O
c)	Möhre	Feldmaus	Wiese	Bussard	×

BIOLOGIE Umwelt

Lernen und Lärm

AB 14

Fragestellung: Beeinträchtigt Lärm das Lernverhalten?

Auswertung:
Kontrolliert paarweise eure Lernergebnisse bei Versuch 1 und 2. Tragt die Ergebnisse in die Tabelle ein.

Anzahl der gelernten Wörter (in Ruhe)	Anzahl der gelernten Wörter (bei Lärm)	Differenz
14	8	6

Auswertung des Lärmtests

AB 15

Auswertungsbogen zum Lärmtest

Klasse: Uhrzeit: Datum:

Schüler Nr.	Anzahl der gelernten Wörter (in Ruhe)	Anzahl der gelernten Wörter (bei Lärm)	Differenz
1	14	8	6
2	20	12	8
3	23	14	9
4	12	7	5
5			
6			
7			
8			
9			
10			
11			
12			
13			
14			
15			
16			
usw.			
Summe	69	41	28
Durchschnitt	17,25	10,25	7

Was wir für Lernprozesse benötigen

AB1

Jeder Schüler erhält ein Blatt Papier mit folgenden Arbeitsaufträgen:

1. Beschreibe in Stichworten einen Lernprozess, den Du in jüngster Zeit erlebt hast: *Für meinen Moped-Führerschein musste ich eine ganze Menge auswendig lernen. Immer wieder musste ich mir die Worte einprägen.*	2. Wie hast du dich danach gefühlt? *Es war ziemlich anstrengend, so dass ich ganz schön müde war.*
3. Was möchtest Du demnächst eigenständig lernen? *Wie man einen PC bedient*	4. Was benötigst du dafür? *Einen PC und jemand, der mir das beibringt.*

Welcher Lerntyp bist Du?

AB1a

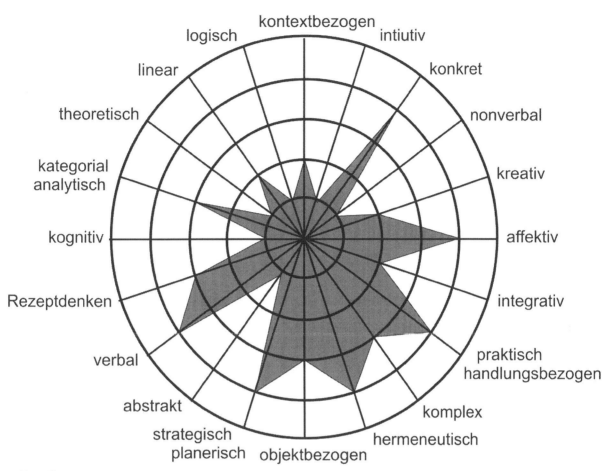

Begriffserläuterungen

kognitiv: *begrifflich; am Text arbeitend; auf Reflexion beruhendes Erfassen von Sachverhalten*

affektiv: *gefühlsbetont, einfühlend, von den eigenen Gefühlen geleitet*

Rezeptdenken: *bloßes Erfassen der Struktur*

kreativ: *schöpferisch; Ideen und Informationen auf originelle, d. h. ungewöhnliche und andersartige Weise mit einander verbindend*

kategorial: *stets Fakten und Sachen zu Gruppen zusammenfassend, einordnend; ausschließlich am Entweder - Oder orientiert*

analytisch: *eine Sache oder Zusammenhänge logisch zergliedernd, zerlegend; in geschlossenen Systemen verharrend*

integrativ: *stets einen Zusammenhang herstellend; vollständig vorgehend; im Ganzen denkend*

intuitiv: *der Eingebung bzw. momentanen Befindlichkeit folgend; spontanes Erfassen*

linear: *geradlinig, gleichmäßig; Abweichungen außer Acht lassend*

komplex: *mehrdimensional, ganzheitlich, vielschichtig, zusammenhängend denkend; Probleme als Netzwerk von Faktoren erfassend*

logisch: *folgerichtig, schlüssig vorgehend; nie interpretierend*

hermeneutisch: *einen Text erklären, interpretieren, deuten, auslegen*

kontextbezogen: *das Umfeld, die Umgebung mit einbeziehend; die Sache nie isoliert, für sich betrachtend; Umwelt wird zur Mitwelt*

objektbezogen: *nur die Sache selbst im Blick habend*

Mein Profil ist rechtslastig, das heißt, meine Stärken liegen eher in gefühlsbetonten Fähigkeiten. In Zukunft werde ich versuchen eher konkret, ganz praktisch und strategisch an Probleme heranzugehen. Aber auch Lernen mit Texten fällt mir nicht schwer.

Fische in ihrem Lebensraum u. b. B. ihrer Anpassung an das Wasser

AB 2

Achtung: Bitte das Glas nicht bewegen und nicht an die Scheibe klopfen!
(ungestörte Beobachtung)

Beobachtungsaufgaben (Beispiel Guppy):

A. Bau des Fisches

1. Zeichne den Fisch so genau wie möglich
   (mit Bleistift; Größe der Zeichnung mindestens 10 cm)!

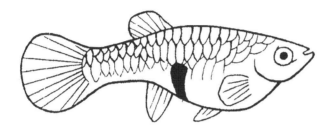

2. Zähle die Merkmale auf, die auf die Anpassung des Fisches an seinen Lebensraum hindeuten!
   Flossen, Schleimhaut als äußere Körperbedeckung, Kiemen, Körperform leicht stromlinienförmig

3. Stelle fest, welche Sinnesorgane der Fisch besitzt. Schreibe auf!
   Augen, Nasenlöcher, Seitenlinie, äußere Ohren nicht erkennbar

B. Bewegung des Fisches

1. Welche Flossen bewegt der Fisch?
   a) beim Vorwärtsschwimmen: *Brustflossen, Schwanzflosse*
   b) beim »Stehen« im Wasser: *Rücken- und Afterflosse*
   c) beim Bremsen: *Brustflossen*

2. Beobachte genau den Kopf des Fisches! Welche Teile bewegen sich?
   Augen und Kiemen

3) Was kannst Du zum Ablauf der ständig zu beobachtenden Bewegung sagen?
   Die Bewegung besteht aus einem ständigen Aktivitätswechsel der verschiedenen Flossenarten

Schlüsselreize beim Menschen

AB 3

Experiment 1

Achtung: Während des Experimentes dürfen die Versuchspersonen nicht durch Bemerkungen gestört werden

1. Beobachte und vergleiche die Reaktionen der Versuchspersonen. Trage die Ergebnisse in die Tabelle ein.

Anzahl der Versuchspersonen	Wahl des Meerschweinchens	Wahl des Frosches
5	4	1

Ergebnis: *Das Meerschweinchen wird bevorzugt gewählt*

2. Nenne Gründe für die Bevorzugung! *Sieht niedlich aus, lässt sich streicheln, hat warmes und weiches Fell*

Experiment 2

1. Kreuze in jeder Zeile diejenige Kopfform an, die dich mehr anspricht!

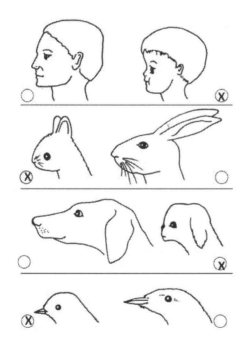

Ergebnis: *Die Baby- bzw. Kindbilder werden bevorzugt*

2. Welcher Zusammenhang besteht zwischen den Ergebnissen beider Experimente? *Es werden stets die „niedlichen" Tiere ausgewählt*

3. Welche Merkmale der Kopfformen haben das Ergebnis beeinflusst? *Pausbacken, runder Kopf, vorgewölbte Stirn, Stupsnase, größere Augen, weiche Haut/weiches Fell*

4. Die heraus gearbeiteten Merkmale werden als *Kindchenschema* bezeichnet.

BIOLOGIE Verhalten
Verhaltensbeobachtungen an der Labormaus

AB 4

1. Beschreibe den Körperbau der Labormaus!

2. Beschrifte die Skizze!

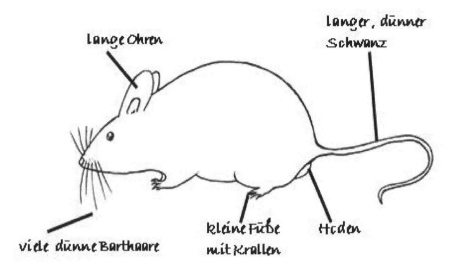

Beschreibung: *Das Fell ist kurz und einfarbig weiß, die Augen sind rot. Sie läuft sehr flink und kann auch senkrecht hoch springen. Der dünne Schwanz ist fast so lang wie der Körper. Auffallend sind die großen Ohren. Die Füße sind klein, und an den Zehen sind längere Krallen. Viele lange Barthaare*

3. Erstelle ein Beobachtungsprotokoll der Verhaltensweisen der Labormaus (Zeitdauer 10 Minuten) nach folgendem Muster:

Laufende Nr. der Beobachtung	Beobachtetes Verhalten
1	läuft aufgeregt immer an der Wand lang
2	putzt sich häufig
3	schnüffelt überall, indem sie ihren Kopf anhebt
4	kotet häufig kleine trockene

BIOLOGIE Verhalten

Beobachtung von angeborenem und erlerntem Verhalten am Beispiel der Labormaus

AB 5

Welchen Weg nimmt die Maus?

A. Der Weg der Maus auf der offenen Tischplatte

1. Wo wird sich die Maus am häufigsten aufhalten? Formuliere deine Hypothese!

   Die Maus wird sich immer in der Nähe der Wand aufhalten

2. Zeichne den Weg der Maus mit einem Bleistift nach!

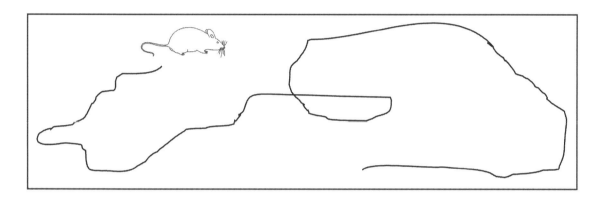

B. Der Weg der Maus auf der Tischplatte mit Schuhkarton.

1. Wo wird sich die Maus nunmehr am häufigsten aufhalten? Formuliere deine deine Hypothese!

   In der Nähe des Schuhkartons

2. Zeichne den Weg der Maus mit dem Bleistift nach.

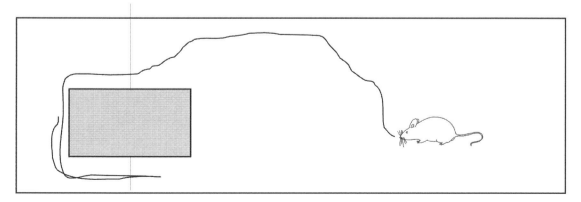

BIOLOGIE Verhalten

Beobachtung von angeborenem und erlerntem Verhalten am Beispiel der Labormaus

AB 7

Protokollbogen „Wand oder Rand"?

1	2	3	4	5	6	7	8
9	10	11	12	13	14	15	16
17	18	19	20	21	22	23	24
25	26	27	28	29	30	31	32
33	34	35	36	37	38	39	40
41	42	43	44	45	46	47	48
49	50	51	52	53	54	55	56
57	58	59	60	61	62	63	64

Auswertung:
Berechnet, wie lange sich die Maus an der Wand, am Rand bzw. auf der freien Fläche aufgehalten hat:
- Folgende Felder zählen zur Wand: 1-8, 9,16, 17, 24, 25, 32
- Folgende Felder zählen zum Rand: 33, 40, 41, 48, 49, 56, 57-64
- Folgende Felder zählen zur freien Fläche: alle übrig gebliebenen Felder

	Wand	Rand	freie Fläche
Anzahl der Striche	65	18	17
Umrechnung in Sekunden (Anzahl der Striche mal 3)	195 Sek	54 Sek	51 Sek
Berechnung der durchschnittlichen Aufenthaltsdauer in Sekunden (für die Wand und den Rand durch 14 teilen, für die freien Flächen durch 36 teilen).	13,9 Sek	3,9 Sek	1,4 Sek

Beobachtung von angeborenem und erlerntem Verhalten am Beispiel der Mongolischen Rennmaus 1

AB 8

Experiment mit der Mongolischen Rennmaus am Hochlabyrinth

Arbeitsanweisungen:

1. Das Experiment besteht aus insgesamt 10 Durchläufen.

2. Setzt das Versuchstier auf den Startpunkt, und stoppt die Dauer des Durchlaufs bis zum Zielpunkt!

3. Zählt die Anzahl der Fehler pro Durchlauf!
4. Tragt beide Ergebnisse in das unten aufgezeichnete Protokollschema (AB 2)ein!

5. Denkt daran, dass Eure Rennmaus nach jedem Durchlauf mit etwas Futter belohnt wird(Gruppe 1) bzw. etwas Zeit erhält, damit sie in ihr Nest schlüpfen kann (Gruppe 2)!

6. Wischt nach jedem Durchlauf den Laufsteg mit einem feuchten Lappen ab!

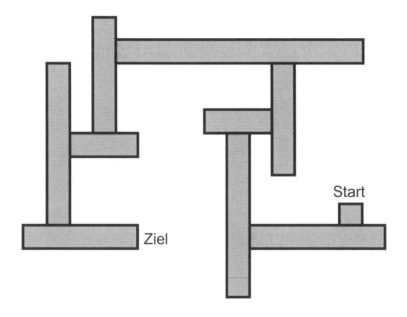

Versuchs-Nr.:	1	2	3	4	5	6	7	8	9	10
Fehler	35	8	5	3	2	1	1	1	0	0
Zeit (Min.)	2	0	0	0	0	0	0	0	0	0
(Sek.)	14	48	34	23	19	13	12	8	10	12

Beobachtung von angeborenem und erlerntem Verhalten am Beispiel der Mongolischen Rennmaus 2

AB 9

Experiment mit der Mongolischen Rennmaus am Hochlabyrinth

Auswertung:

Übertrage die Ergebnisse des Experimentes in das Koordinatensystem, indem du die Fehlerzahl pro Versuch durch ein x markierst und anschließend alle Markierungen zu einer Kurve verbindest.

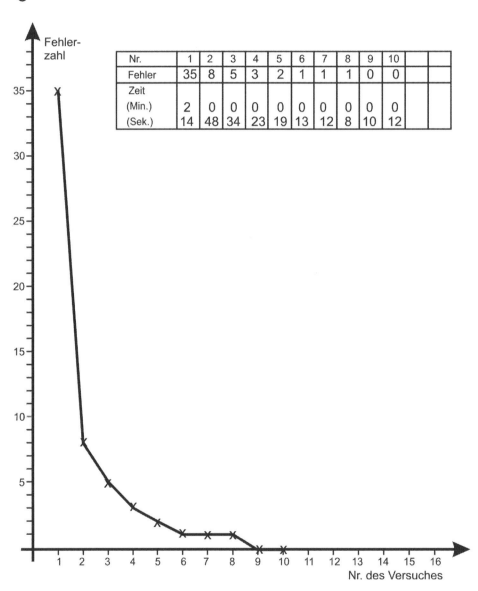

Nr.	1	2	3	4	5	6	7	8	9	10		
Fehler	35	8	5	3	2	1	1	1	0	0		
Zeit (Min.)	2	0	0	0	0	0	0	0	0	0		
(Sek.)	14	48	34	23	19	13	12	8	10	12		

Interpretiere die Lernkurve. Welche Schlüsse kannst du aus diesem Versuch ziehen?

Die Rennmäuse durchlaufen erst nach etlichen Durchgängen das Labyrinth fehlerfrei oder fast fehlerfrei. Sie durchlaufen das Labyrinth in immer kürzeren Zeiten. Sie haben gelernt durch Ausprobieren.

Schema der Reiz-Reaktionskette beim Stichling

AB 10

Arbeitsauftrag:

Trage in die Kästchen ein, wie sich die Partner jeweils verhalten, so dass eine Reaktion des anderen erfolgt!

Männchen — **Weibchen**

- erscheint
- 1 baut Nest
- 2 wartet ab
- 3 tanzt zick-zack
- 4 folgt dem Männchen
- 5 zeigt Nesteingang
- 6 schwimmt ins Nest
- 7 stößelt (Schnauzentriller)
- 8 laicht ab
- 9 besamt die Eier

BIOLOGIE
Verhalten — Schlüsselreize beim Kampffisch

AB 11

Bitte erschreckt die Fische nicht!

Arbeitsaufträge:
1. Benutzt die Attrappen in der unten abgebildeten Reihenfolge.
2. Bewegt die Attrappen vorsichtig, ohne die Fische zu erschrecken, sonst gibt es keine Versuchsergebnisse!
3. Kreuzt eure Beobachtungen in der Tabelle an!
4. Ihr habt für die Durchführung der Versuche 10 Minuten Zeit!

Der Fisch ...

Nr.	Der Fisch ...	spreizt die Flossen	stellt die Kiemendeckel auf	zeigt keine Reaktion	schwirrt mit den Flossen
1	(weiße Fischform)	☐	☐	☒	☐
2	(zwei rote Balken)	☐	☐	☒	☐
3	(Fischform mit weißem Streifen)	☐	☐	☐	☒
4	(zwei rote Balken, heller)	☒	☐	☐	☐
5	(roter Fisch mit Streifen)	☒	☒	☐	☐

Versuchsergebnisse:

Die Attrappe Nr. 4 wirkt auf den männlichen Kampffisch durch ihre Färbung als einfacher Schlüsselreiz, der Aggressivität auslöst. Nr. 5 wirkt durch Gestalt und Farben wie ein starker Schlüsselreiz, der Kampfverhalten auslöst.

Verhaltensbeobachtungen bei Maulbrütern

AB12

Arbeitsauftrag: Beschrifte stichpunktartig den Ablauf des Ablaichens

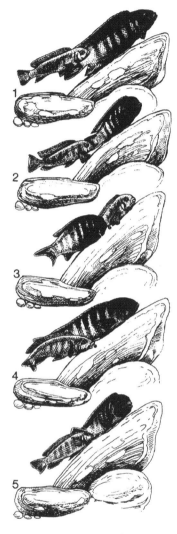

1. *Männchen zeigt Eiattrappe und schwimmt voran zum Laichplatz. Weibchen folgt.*

2. *Männchen leitet das Weibchen unter Körperzittern zum Stein.*

3. *Platzwechsel Männchen stößt mit dem Maul gegen den Hinterleib des Weibchens. Weibchen legt das erster Ei ab.*

4. *Erneuter Platzwechsel. Weibchen nimmt das unbefruchtete Ei ins Maul.*

5. *Männchen gibt Spermien ab. Weibchen schnappt nach dem Eifleck und nimmt dabei die Spermien auf. Befruchtung im Maul.*

6. Wodurch ist die Befruchtung der Eier im Maul des Weibchens gesichert?
   Es schnappt nach dem Eifleck und nimmt dabei die Spermien auf.
7. Nenne Vorteile dieser Art der Eiaufnahme!
   Zahl der produzierten Eier kann klein bleiben, Schutz der Eier vor Feinden.
8. Beschreibe die Brutpflege des Maulbrüterweibchens!
   Ständige Umschichtung der Eier im Maul liefert Sauerstoff; später werden Jungfische bei Gefahr ins Maul genommen.
9. Vergleiche die Zahl der Eier beim Stichling und Buntbarsch!
   Beim Stichling sind es mehrere Hundert, beim Maulbrüter höchstens einige Dutzend.
10. Welche Bedeutung kommt demnach der Brutpflege zu?
    Sie dient der Arterhaltung.
11. Werte die Attrappenversuche aus!
    Jungfische reagieren instinktgesteuert auf Wasserstrom und dunkle Öffnung.

Wahlverhalten beim Schneckenbuntbarsch 1

AB13

Lösungen:

Versuch 1: Die Fische schwimmen nach einigem Hin- und Herschwimmen in unterschiedliche Behausungen. Drei der Versuchstiere schwimmen in das Haus 2 mit der mittleren Öffnungsweite, ein weiterer bezieht das Haus 1 mit der kleinsten Öffnungsweite. Ein Versuchsfisch sucht sich gar kein Haus aus, sondern bleibt im Freiwasser.

Versuch 2: Ob die angebotene Behausung natürlich oder künstlich ist, spielt für das Wahlverhalten der Schneckenbuntbarsche keine Rolle. Zwei Fische entscheiden sich für das Gehäuse der Weinbergschnecke, zwei weitere für den Tischtennisball. Ein Versuchsfisch bleibt wie im Versuch 1 im Freiwasser.

Ergebnis:

Der Schlüsselreiz für das Aufsuchen der Behausung ist offenbar die **Größe ihrer Öffnung** (die mittlere Größe von 1,5 cm Öffnungsweite wird bevorzugt) und die **ungefähre Gestalt eines Schneckenhauses** (Tischtennisball und Schneckenhaus werden gleichermaßen bezogen).

Wahlverhalten beim Schneckenbuntbarsch 2 — AB14

Arbeitsmaterialien und Geräte:
Ein Aquarium mit den Abmessungen 40 x 30 x 30 cm mit einer ca. 5 cm hohen Sandschicht, auf der ein Schneckengehäuse liegt; ein Weibchen der Art *N. ocellatus*; Stoppuhr).

Beobachtungsaufgaben:
1. Setzen Sie ein weibliches Versuchstier der Art *Neolamprologus ocellatus*, das für 24 Stunden in einem Aquarium ohne Schneckenhäuser lebte, in das Becken. Führen Sie eine quantitative und qualitative Analyse der auf das Schneckenhaus bezogenen Verhaltensweisen des Schneckenbarsches durch, tragen Sie hierzu die Verhaltensweisen, die in einer Zeitspanne von jeweils fünf Minuten gezeigt werden, in das unten abgedruckte Protokoll ein, und protokollieren Sie die jeweilige Häufigkeit durch Anlegen einer Strichliste.
2. Welche Handlungskette lässt sich aus der qualitativen Analyse der auf das Schneckenhaus bezogenen Verhaltensweisen ablesen?

Quantitative und qualitative Analyse der auf das Schneckenhaus bezogenen Verhaltensweisen des Schneckenbarsches *Neolamprologus ocellatus*

Datum:	Beobachtungszeitraum:	
Verhaltensprotokolle über jeweils fünf Minuten:		
0 - 5	10 - 15	20 - 25
H: III R: II Pf: I	H: II R: I G: II Pf: II	R: I H: III G: I S: II Pf: III
30 - 35	40 - 45	50 - 55
H: II R: IIII G: III S: III Pf: III	H: I R: I	H: I R: I

Abkürzungen für die wichtigsten Verhaltensweisen:
S = Schieben; G = Graben; Pf = Pflügen; H = Hineinschwimmen; R = Ruhen

2. *Als Handlungskette stellt sich folgende typisches Verhalten heraus: Graben - Schieben - Pflügen - Hineinschwimmen*

Anpassung der Fische an den Lebensraum Wasser

AB15

Achtung: Bitte nicht das Aquarium bewegen und nicht dagegen klopfen!

Teilthema: Schwimmen

Arbeitsauftrag:

1. Beobachte die Fische: Achte auf die Bewegungen der
2. Zeichen in die Skizze ein: Auge, Kiemendeckel, Seitenlinie, Flossen. Beschrifte die Flossen!

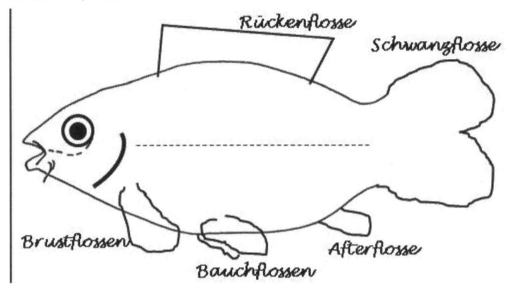

Welche Funktionen haben die Flossen? Vervollständige die Tabelle!

Flossenart	Funktionen
Brust- und Bauchflossen	zum Lenken und Bremsen
After- und Rückenflosse	Halten des Gleichgewichtes
Schwanzflosse	Zum Vorwärtsschwimmen

Anpassung der Fische an den Lebensraum Wasser

AB 16

Teilthema: Schweben

Materialien: Durchsichtiges Gefäß mit Wasser, Plastilin, Stoppuhr, Waage

Arbeitsauftrag:

1. Wiegt drei gleich schwere Portionen Plastilin ab (etwa je 5 Gramm pro Stück).

2. Formt aus dem ersten Stück einen wurmartigen Körper, aus dem zweiten Stück einen kugelartigen Körper, aus dem dritten Stück einen scheibenartigen Körper (siehe Skizze!).

3. Schüler 1 hält das erste Stück auf die Wasseroberfläche und lässt es dann auf ein Zeichen des 2. Schülers ins Wasser sinken. Schüler 2 stoppt die Zeit, bis der Gegenstand den Gefäßboden erreicht. Die ermittelte Zeit wird in die Tabelle eingetragen. Wiederholt diesen Versuch zweimal, um genauere Werte zu erhalten! Addiert anschließend alle drei Werte und teilt sie sodann durch 3. Tragt den ermittelten Mittelwert in die Tabelle ein.

4. Geht mit den beiden anderen Stücken genau so vor!

Modell	Sinkzeit Versuch 1	Versuch 2	Versuch 3	Sinkzeit Mittelwert
wurmartiger Körper	4	3	4	3,7
kugelförmiger Körper	2	1	1	1,3
scheibenartiger Körper	3	3	3	3

Zu 5. *Wurmartiger Fischkörper schwebt am besten im Wasser.*

Zu 6. *Wurmartig: Aal, kugelartig: Kugelfisch, scheibenförmig: Scholle*

Anpassung der Fische an den Lebensraum Wasser

AB 17

Teilthema: Wie Fische sich fortpflanzen

Arbeitsauftrag:

1. Lies dir den Text genau durch.
2. Schneide anschließend die 5 Bilder aus und bringe sie in die richtige Reihenfolge. Nummeriere anschließend die Bilder von 1 bis 5.

Wie Fische sich fortpflanzen

Das Weibchen, der Rogner, gibt die Eier (den Laich) ins Wasser ab oder legt sie auf dem Grund in eine Laichgrube. Das Männchen gibt anschließend die Spermien (die Milch) ins Wasser ab.

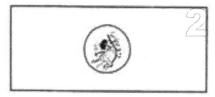

In der befruchteten Eizelle entwickelt sich ein Embryo.

Nach einer bei den einzelnen Fischarten unterschiedlicher Entwicklungsdauer schlüpfen die jungen Fische, die als Fischlarven bezeichnet werden.

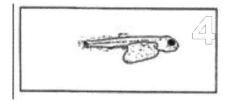

Sie tragen am Bauch einen großen Dottersack, der ihnen für die ersten Tage als Nahrungsvorrat dient.

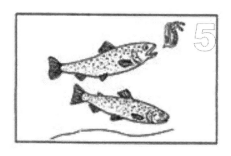

Wenn der Vorrat aufgebraucht ist, ist aus der Fischlarve ein Jungfisch geworden. Er ernährt sich nun selbständig von Wasserflöhen, Würmern und pflanzlicher Kost.

Anpassung der Fische an den Lebensraum Wasser

AB 18

Teilthema: Untersuchung der Kiemen

Materialien: Je nach Gruppengröße 5- 7 Köpfe von Karpfen oder Plötzen, Stricknadeln oder Glasstäbe, Scheren, Lupen, Wasserbehälter; pro Schüler einen Arbeitsbogen mit der Skizze des Kiemenmodells (AB 18), Klebstoff

Arbeitsauftrag:

1. Sucht mit Hilfe der Stricknadel den Weg des Atemwassers vom Maul durch die Mundhöhle bis zum Kiemendeckel!

2. Zeichnet den Weg des Atemw... Bleistift in die Skizze ein!

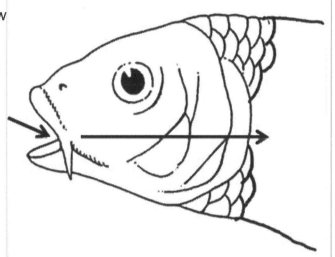

3. Hebt den Kiemendeckel ab und schneidet ihn mit der Schere ab. Die Kiemen liegen nun frei. Betrachtet sie mit der Lupe und ordnet den einzelnen Teilen die richtige Bezeichnung zu (Kiemenblättchen, Blutgefäße, Kiemenbogen). Beschriftet die Skizze.

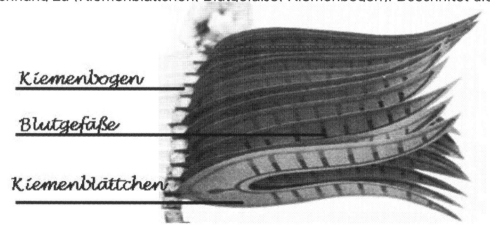

4. Trennt die Kiemen mit der Schere ab und legt sie in einen mit Wasser gefüllten Behälter. Begründet die Farbe der Kiemen!
   Sie sind gut durchblutet.

Anpassung der Fische an den Lebensraum Wasser

AB19

5. Schneidet das Kiemenmodell aus (jeder Schüler!) und malt anschließend die Kiemenblättchen auf beiden Seiten rot an.

6. Schneidet alle durchgezogenen Linien bis zum Ende ein, knickt alle gestrichelten Linien und klebt die beiden Hälften des Kiemenbogens mit Klebstoff zusammen.

7. Wodurch wird die Oberfläche der Kiemen vergrößert?

Durch die vielen Kiemenblättchen

Kiemenblättchen	Kiemenbogen	Kiemenblättchen

| Anpassung der Fische an den Lebensraum Wasser | | AB20 |

Test

Beantwortet die folgenden Fragen zur Anpassung der Fische an ihren Lebensraum in Einzelarbeit. Gebt den fertigen Testbogen an euren Tischnachbarn zu Korrektur.

1. Warum haben Fische eine Schleimhaut auf den Schuppen?

   Damit der Körper strömungsgünstiger ist; Schutz vor Parasiten

2. Begründe, warum viele Fische eine stromlinienförmigen Körper haben! *Diese Körperform verringert den Strömungswiderstand*

3. Warum können der Kugelfisch und die Scholle trotz ihrer strömungsungünstigen Körperform überleben?

   Der Kugelfisch bläst sich bei Gefahr auf, die Scholle gräbt sich in den Sand ein

4. Trage die entsprechenden Flossennamen ein:

   ① *Afterflosse*
   ② *Brustflossen*
   ③ *Bauchflossen*
   ④ *Rückenflosse*

5. Warum legen Fisch, wie z. B. Karpfen und Forellen, so viele Eier?

   Sie laichen im freien Wasser, wo es viele Fressfeinde gibt

6. Warum haben die Kiemen eine so große Oberfläche?

   Dadurch kommt mehr Blut in Kontakt mit dem Wasser, wodurch der im Wasser gelöste Sauerstoff leichter aufgenommen werden kann

Verhaltensbeobachtungen am Orangefleck-Maulbrüter

AB 21

Arbeitsauftrag:
Stelle den Ablauf des Paarungs- und Ablaichverhaltens beim Orangefleck-Maulbrüter in acht Schritten dar:

Fülle die leeren Kästchen aus, indem du das gezeigte Verhalten beschreibst. Nummeriere die Kästchen und stelle den Ablauf durch Pfeile dar, die du zwischen die Kästchen anbringst.

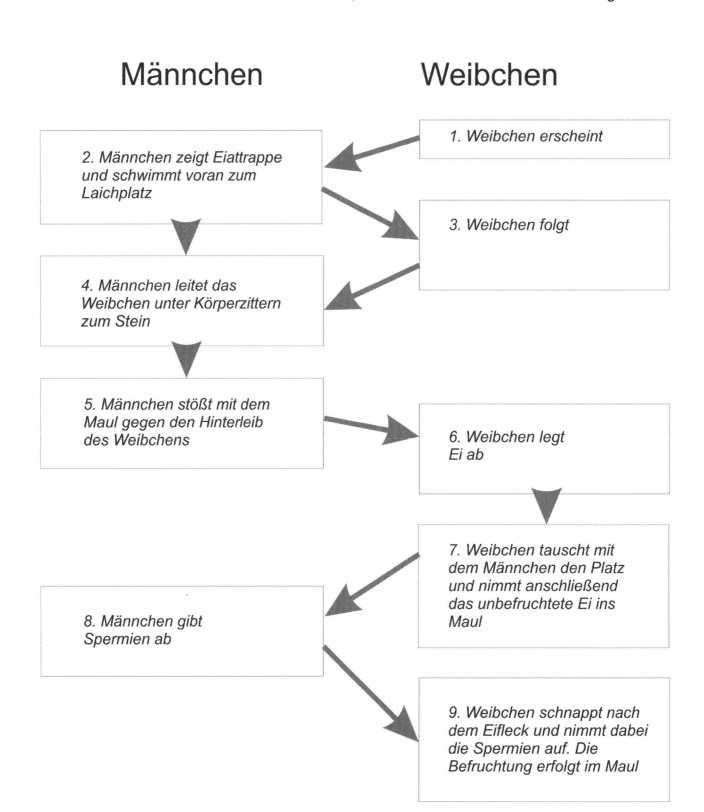

Bau eines Einlinsen-Mikroskopes

AB 1

7. Zeichne, was du siehst!

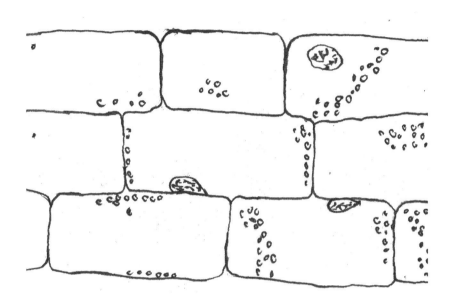

Die menschliche Mundschleimhaut

AB 2

Fragestellung: Wie unterscheiden sich Zellen von Tier und Mensch von denen der Pflanzen?

Auswertung: Stelle die Unterschiede zwischen Pflanzenzellen und den Zellen aus deiner Mundschleimhaut zusammen!

Zellbestandteile	Pflanzenzelle	Zelle der Mundschleimhaut
Zellwand	ja	nein
Zellplasma	ja	ja
Zellkern	ja	ja
Zellvakuole	ja	nein
Blattgrünkörner (Chloroplasten)	ja	nein

Feuchtigkeitsregulierung des Laubblattes

AB 3

Fragestellung: Wie unterscheiden sich Blattoberseite und Blattunterseite bei der Ampelpflanze?

Fertige eine Zeichnung der Blattunterseite an!

Auswertung: Wodurch unterscheidet sich die Blattunterseite von der Blattoberseite? Begründe Deine Aussage!

Blattoberseite: Lückenlos angeordnete Zellen

Blattunterseite: Zusätzlich zahlreiche aus zwei bohnenförmig gekrümmten Zellen bestehende Schließapparate, zwischen denen ein Spalt zu sehen ist, die Spaltöffnung. Diese regulieren die Abgabe von Wasserdampf und den Gasaustausch. Wegen der Sonneneinstrahlung befinden sich die Spaltöffnungen nur auf der Blattunterseite.

Sektion eines Tintenfisches (Gemeiner Kalmar)

AB 4

Lege den Kalmar so auf die Unterlage, dass die Flosse mit ihrer ganzen Fläche aufliegt und der Kopf zu dir zeigt (vgl. Skizze 1).
In welche Teile gliedert sich der Körper?
Kopf und Rumpf
Zähle die Fangarme, was fällt dir an ihnen auf?
10 Fangarme mit Saugnäpfen

1. Schnitt

Suche den Trichter. Führe die Schere in den Mantel ein, ohne den Trichter mit zu fassen, und schneide möglichst flach den Mantel bis zur Rumpfspitze in der gedachten Mittellinie auf (siehe Skizze 2). Klappe die aufgeschnittenen Mantelhälften zur Seite.

Suche die beiden knorpeligen, länglichen Rinnen unterhalb der Trichteröffnung, denen am Mantel zwei Erhebungen entsprechen. Nimm dazu die Fingerspitzen zur Hilfe. Mit diesen beiden „Druckknöpfen" kann der Spalt zwischen Mantel und Trichter verschlossen werden. Der Schließapparat spielt beim schnellen Schwimmen nach dem Rückstoßprinzip eine Rolle.

Erläutere, was darunter zu verstehen ist:
Das ruckartige Auspressen des Wassers katapultiert den Kalmar nach hinten.

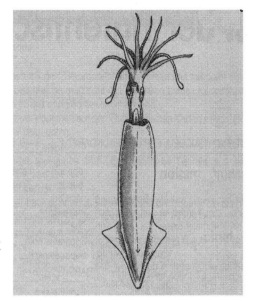

2. Schnitt

Löse mit Schere und Pinzette die beiden leicht streifigen, länglichen Gebilde, die links und rechts des mächtigen Eingeweidestranges dem Mantel aufliegen, heraus. Diese Organe sind die Kiemen.

3. Schnitt

Auf dem Eingeweidestrang liegt ein längliches, dunkel-glänzendes Gebilde: der Tintenbeutel. Hebe die Spitze des Beutels mit der Pinzette hoch und präpariere ihn mit der Schere vorsichtig heraus.

Lege ihn auf ein weißes Blatt Papier, schneide den Beutel quer durch und drücke mit der Pinzette die Tinte heraus.

Welche Funktion hat der Farbstoff für den Kalmar?
Er wird bei Gefahr abgegeben, so dass der Kalmar von seinem Feind nicht mehr gesehen werden kann.

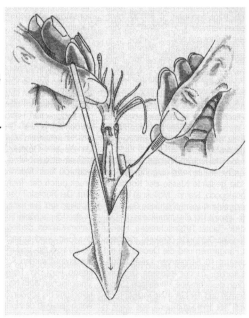

Sektion eines Tintenfisches (Gemeiner Kalmar)

AB 5

4. Schnitt

Hebe mit der Pinzette den Trichter an, so dass du mit der Schere den Eingeweidestrang abtrennen kannst. Kopf und Rumpf sind nun getrennt. Hebe mit der Pinzette den Eingeweidestrang hoch und präpariere ihn mit der Schere vom Mantel ab, so dass eine Durchsichtige, pergamentartige Struktur sichtbar wird.

Präpariere dieses „Schwert" (Gladius) heraus. Welche Funktion hat es?

Zum Stützen des Körpers

Die Skizze 3 zeigt den Tintenfisch nach frei gelegter Mantelhöhle. Beschrifte die Körpermerkmale, die im Bild sichtbar sind.

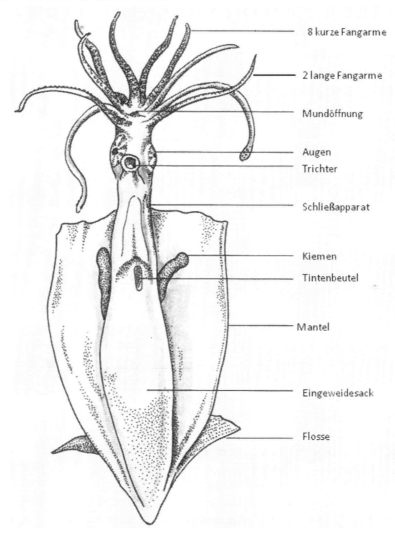

Beantworte die folgende Frage:
Welche Merkmale belegen, dass der Tinten"fisch" kein Fisch ist?

Keine Wirbelsäule, Körperbedeckung ohne Schuppen und Schleimhaut, andere Flossen

BIOLOGIE Arbeitstechnik — Abhängigkeit des Frosches von der Außentemperatur — **AB 6**

Gruppe A (Frosch im Aquarium mit Eisbedeckung)

Tragt die Problemstellung ein:

Wie nimmt der Frosch den von ihm benötigten Sauerstoff auf?

1. Lest die Wassertemperatur ab! *+5 °C*

2. Beobachtet den Frosch im Aquarium sechs Minuten lang!

a) Beschreibt stichwortartig sein Verhalten:

Frosch sitzt starr auf dem Boden, bewegt sich nicht

b) Wie oft kommt der Frosch zum Luftholen an die Wasseroberfläche?

Gar nicht!

3. Deutet das Versuchsergebnis:

Frosch überwintert in Kältestarre; er nimmt den im Wasser gelösten Sauerstoff mit der Haut auf; sein Sauerstoffbedarf ist viel geringer als im Sommer, da er sich nicht bewegt und sein Stoffwechsel verlangsamt ist.

Gruppe B (Frosch im Aquarium ohne Eis)

Tragt die Problemstellung ein:

Wie nimmt der Frosch den von ihm benötigten Sauerstoff auf?

1. Lest die Wassertemperatur ab! *+20 °C*

2. Beobachtet den Frosch im Aquarium sechs Minuten lang!

a) Beschreibt stichwortartig sein Verhalten:

Frosch schwimmt hin und her; kommt zum Atmen an die Wasseroberfläche.

b) Wie oft kommt der Frosch zum Luftholen an die Wasseroberfläche?

4 mal

Lösungsansatz der Arbeitsgruppe Amphibienähnliche zum AB 1

Zu Aufgabe 1: Morphologische Ähnlichkeiten mit heute lebenden Amphibien, z. B. runder Kopf, deutlich erkennbare Augen, entwickelte Extremitäten. – Die Unterschiede zwischen den abgebildeten Tieren sind sehr gering.

Zu Aufgabe 3:

Teil-Stammbaum der Amphibienähnlichen

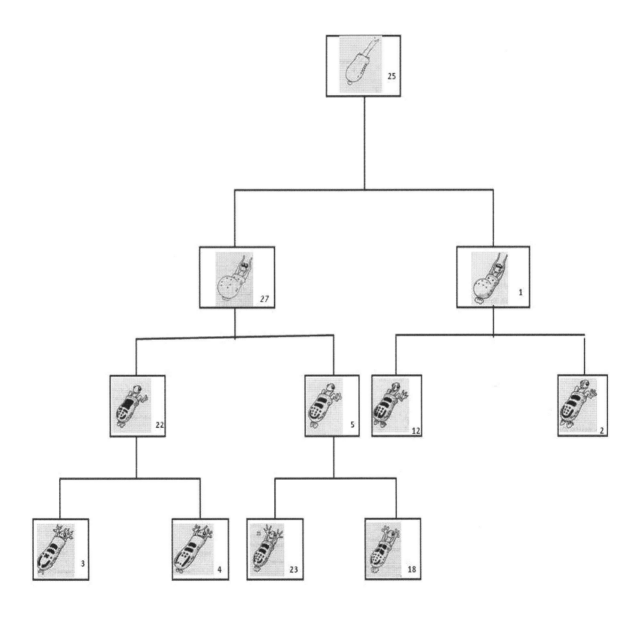

Lösungsansatz der Arbeitsgruppe Schneckenähnliche zum AB 1

Zu Aufgabe 1: Morphologische Ähnlichkeiten mit heute lebenden Schnecken, z. B. runder Kopf, deutlich erkennbare Augen, entwickelte Extremitäten. – Die Unterschiede zwischen den abgebildeten Tieren sind sehr gering.

Zu Aufgabe 3:

Teil-Stammbaum der Schneckenähnlichen

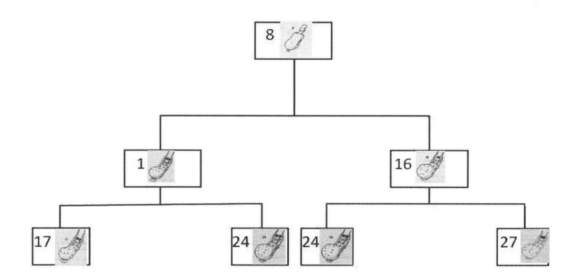

Lösungen zu AB 2/1 und AB 2/2:

Zu Frage 1
Gründe für die Notwendigkeit der Weiterentwicklung von „Reagenzglasbefruchtungen":
a) Um unfruchtbaren Frauen zu helfen, ein Kind zu bekommen
b) Genetische Defekte werden vor einer „Reagenzglasbefruchtung" erkannt, so dass kein behindertes Kind gezeugt wird
c) Eine „Reagenzglasbefruchtung" ist immer noch mit vielen Risiken behaftet und noch immer schafft nur ein bestimmter Prozentsatz der befruchteten Eizellen die Entwicklung bis zum lebensfähigen Baby. Deshalb sollte die wissenschaftliche Erforschung der „Reagenzglasbefruchtungen" weiter gehen.

Zu Frage 2
Hierzu wird der Frau eine Eizelle entnommen, die im Reagenzglas mit einer Samenzelle befruchtet wird. Nachdem sicher gestellt ist, dass sich die Eizelle auch entwickelt, wird sie nach vier Tagen in die Gebärmutter der Spenderfrau eingepflanzt.

Zu Frage 3
Argumente für eine „Reagenzglasbefruchtung":
- Kinderlose Paare kann der Kinderwunsch erfüllt werden
- genetisch vererbbare Krankheiten können rechtzeitig erkannt werden

Argumente gegen eine „Reagenzglasbefruchtung":
- Es gibt immer noch viele Fehlgeburten
- Das Risiko für Mehrlingsgeburten steigt stark an
- Wenn die Frau hormonell zu einer so genannten „Superovulation" angeregt wird, stehen mehr Eizellen zur Verfügung als benötigt werden. Was passiert mit diesen Eizellen? Werden sie vernichtet?

Zu Frage 4
Im Blastozyten-Stadium, das vier Tage nach der Befruchtung erreicht ist, erfolgt die Einpflanzung der Eizelle in die Gebärmutter. Dann besteht die Eizelle aus 8 – 16 Zellen.

Zu Frage 5
Alle Eizellen einer Frau sind bei ihrer Geburt bereits angelegt. Mit ihrem zunehmenden Lebensalter altern auch ihre Eizellen, so dass sich etwa ab dem 30. Lebensjahr in den Zellkernen genetische Defekten häufen können, die das Risiko für Missbildungen (z. B. für Trisomie 21) erhöhen.

DNA

AB3

In der Abbildung unten siehst du einen kurzen Abschnitt der DNA mit seinen sechs Bestandteilen.

Arbeitsauftrag:

1. Identifiziere die unterschiedlichen Einzelglieder der Molekülkette, nämlich das Zucker- und das Phosphorsäuremolekül, die die Seitenstränge (Holme) der Doppelhelix bilden, und die vier organischen Substanzen, also die stickstoffhaltigen Basen Adenin (A), Guanin (G), Cytosin (C) und Thymin (T)

2. Beschrifte die Einzelglieder folgendermaßen korrekt: Mit 1 (für Zuckermolekül), 2 (für Phosphorsäuremolekül) sowie mit A, T, G und C (für die vier stickstoffhaltigen Basen)

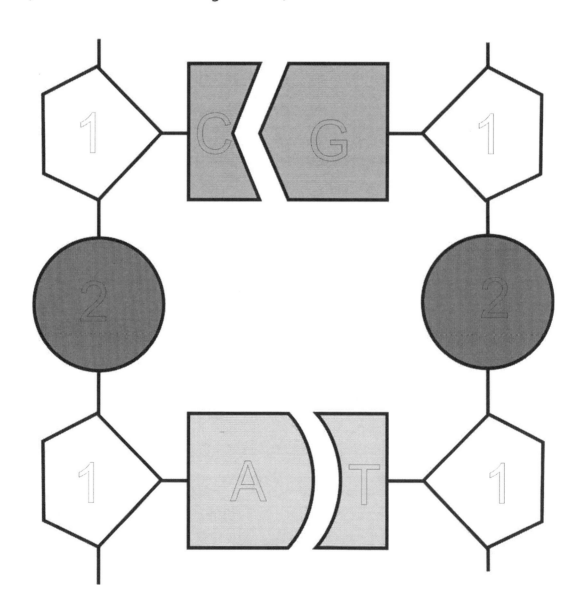

BIOLOGIE Genetik — DNA

AB 4

Arbeitsauftrag:

3. Vervollständige die gestaltlichen Unterschiede der Einzelglieder auf der nachfolgenden Skizze (rechte Seite) und übernimm die Beschriftung aus dem AB 3.

4. Ergänze den DNA-Strang auf der linken Seite der Skizze entsprechend dem Verdoppelungs- und Koppelungsmechanismus der vier Basen.

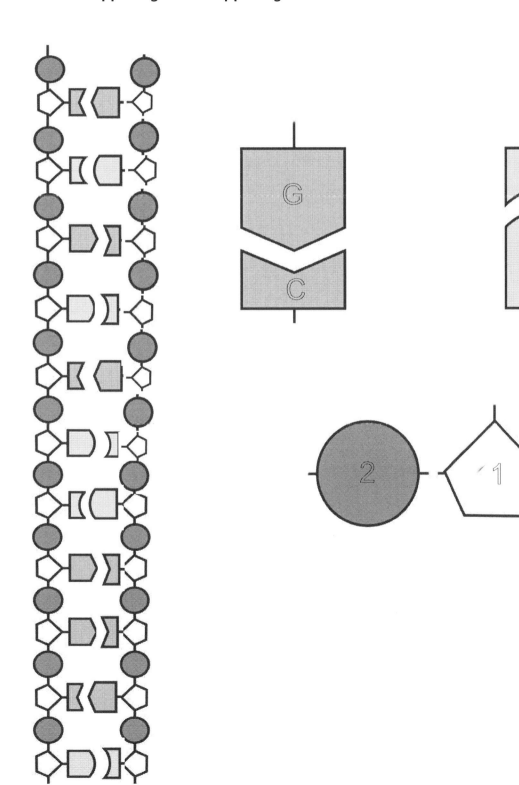

Lösungen zu AB 1:

Aufgestellte Rangliste einer Arbeitsgruppe (10. Schuljahr):

Erbanlagen, Alter, Arbeitsplatz, Wohnen, Geschlecht, persönliche Einstellung zum Leben, Lebensweise, Freizeitverhalten, Glaube, Einkommen, soziale Beziehungen, ärztliche Versorgung

Lösungen zum AB 2:

Risikofaktoren des täglichen Lebens:
Gefahr eines Stromschlages durch schadhafte Leitungen, Abwaschen des Säureschutzschildes der Haut, karzinogene Zusatzstoffe in Waschmitteln, in künstlichen Süßstoffen, in Wandfarben und Ziegelsteinen, Unfall in den eigenen vier Wänden und im Straßenverkehr; Luftverschmutzung

Für wen ist das Risiko am größten?

AB3

Hauttyp	Merkmale	Eigenschutzzeit ohne Sonnenbrand in Minuten zur Mittagszeit im Hochsommer	Reaktion auf die Sonne		Markiere mit rotem Filzstift, zu welchem Hauttyp du gehörst!	Welcher Lichtschutzfaktor ist für den jeweiligen Hauttyp empfehlenswert?
			Sonnenbrand	Bräunung		
I gilt für alle Kinder; 2 % der Bevölkerung	auffallend helle und blasse Haut; sehr helle Brustwarzen; viele Sommersprossen; rote oder rotblonde Haare; blaue oder grüne Augen	5 - 10	immer und dabei sehr schmerzhaft	keine Bräunung Haut schält sich		1. Woche LSF 20 ab 2. Woche LSF 15
II 12 % der Bevölkerung	helle Haut; helle Brustwarzen; wenig Sommersprossen; blonde Haare; blaue oder blaugrüne Augen	10 - 20	häufig und meist schmerzhaft	kaum Bräunung Haut schält sich		1. Woche LSF 15 2. Woche LSF 12-15 ab 3. Woche LSF 9-12
III 78 % der Bevölkerung	helle bis hellbraune Haut; dunklere Brustwarzen; dunkelblonde oder braune Haare; graue oder graublaue Augen	20 - 30	seltener mit mäßiger Intensität, trotzdem schmerzhaft	gut		1. Woche LSF 10 2. Woche LSF 8-10 ab 3. Woche LSF 5-8
IV 8 % der Bevölkerung	braune Haut; dunkle Brustwarzen; dunkelbraune, oft schwarze Haare; braune Augen	über 40	kaum	schnell und tief		1. Woche LSF 6 2. Woche LSF 4 ab 3. Woche LSF 2

Vervollständige die Tabelle:

Trage in die vorletzte Spalte ein, welchem Hauttyp du angehörst.

1. Was bedeutet LSF 20?
   Der Mensch kann ohne Sonnenbrandgefahr 20 x länger in der Sonne verweilen als es die Eigenschutzzeit zulässt.

2. Wie lange kann Hauttyp II in der Sonne bleiben, ohne einen Sonnenbrand zu bekommen?
   In er ersten Woche 150 300 Minuten

3. Wie lange kann Hauttyp III mit LSF 8 in der Sonne bleiben, ohne einen Sonnenbrand zu bekommen?
   In der ersten Woche 160 bis 240 Minuten

Lösungen zum AB 4/1:

1. Die Hornschicht und die Oberhaut wirken als mechanische Barriere gegen einfallende Sonnenstrahlen
2. Die UV-B-Strahlen sind die gefährlichsten, denn sie erzeugen einen Sonnenbrand auf der Haut. UV-A-Strahlensind für die Alterung der Haut verantwortlich; sie dringen bis zur Unterhaut vor. UV-C-Strahlen wirken hochgradig krebserregend. Eine intakte Ozonschicht absorbiert diese Strahlen weitgehend.

Lösungen zum AB 4/2:

Wenn die Sonnenstrahlen auf die Hautoberfläche treffen, schnüren sich in den Pigmentzellen helle Melaninbläschen ab, die langsam in die Keimschicht einwandern und sich dabei dunkel färben. Dadurch wird die Haut bei den Hauttypen III und IV allmählich immer brauner. Beim Hauttyp I findet praktisch keine Bildung der Pigmentkörper statt, beim Hauttyp II im nur geringen Maße.

Wie Lichtschutzfaktoren von Sonnenschutzpräparaten wirken

AB5

Arbeitsmaterial:
Zeitung, Schere, Filzstift, vier Objektträger, Brettchen, Sonnenschutzpräparate mit unterschiedlichen Lichtschutzfaktoren (z. B. 2, 8, 20)

Arbeitsanweisungen:

1. Schneide vier Rechtecke von der Größe eines Objektträgers aus dem Zeitungspapier aus.
2. Lege die Rechtecke neben einander auf ein Brettchen und nummeriere sie von 1 bis 4.
3. Lege einen Objektträger auf den Papierstreifen 1. Dieser Objektträger bleibt unbehandelt (ohne LSF).
4. Streiche die Objektträger für die Papierstreifen 2, 3 und 4 auf der Oberfläche dünn mit unterschiedlichen Sonnenschutzpräparaten ein.
5. Lege sie auf die Papierstreifen und notiere jeweils, mit welchem LSF die Objektträger bestrichen wurden (siehe Protokoll-Tabelle).
6. Lege das Brettchen mit den Objektträgern für eine Woche an eine regensichere, gut besonnte Stelle.
7. Nimm nach einer Woche die Objektträger ab und vergleiche die vier Proben.
8. Notiere die unterschiedlichen Verfärbungen in der folgenden Protokoll-Tabelle.

Probe	Verfärbung nach Sonnenbestrahlung
1 ohne LSF	stärkste Vergilbung
2 LSF 2	deutlich vergilbt
3 LSF 8	etwas vergilbt
4 LSF 20	fast nicht verfärbt

9. Übertrage die Ergebnisse auf die Haut!
   Die LSF 2, 8 und 20 haben das Sonnenlicht unterschiedlich gut vom Papier ferngehalten. Auf der Haut ist die Wirkung ähnlich.

10. Welcher LSF bietet den wirksamsten Schutz vor Sonnenbrand?
    Das Sonnenschutzmittel mit dem höchsten LSF, hier LSF 20.

Lösungen zu den AB 6 und AB 7:

1. Schadstoffgehalt, Tageskonsum, Dauer des Rauchens, Zeitpunkt des Beginns des Rauchens, Inhalationstiefe
2. Durch das tiefere Inhalieren
3. Die Lungenkrebssterblichkeit geht nicht zurück, obwohl der Anteil der Filterzigaretten stark zugenommen hat.
4. Raucher inhalieren bei Filterzigaretten häufig tiefer als beim Rauchen filterloser Zigaretten. Außerdem erhöht der Zigarettenfilter den Zugwiderstand beim Rauchen, wodurch sich der Kohlenmonoxidgehalt um fast ein Drittel erhöht und damit das Herzinfarktrisiko stark ansteigt.
5. Bei britischen Ärzten sank der Anteil der Raucher um 22,1 % und damit auch die Lungenkrebsrate um ca. ein Viertel.

AB 8: Ergebnis einer Befragung:

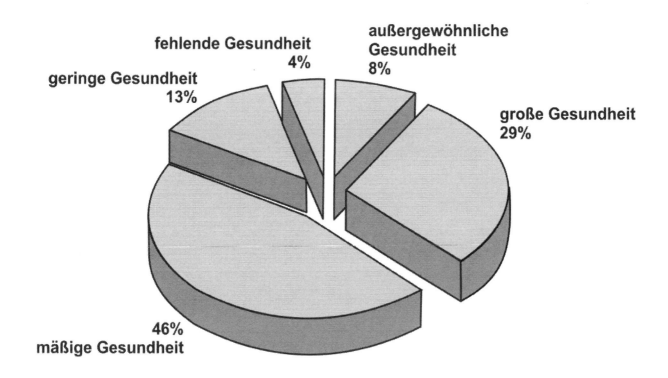

AB 10 Lösungen (Fragen 1 – 3):

Wirkung von ↓ / auf →		A	B	C	D	E	F	G	H	I	K	L	M		Aktionssumme AS	AS : PS = Q
Lebensstil	A	●	3	3	3	1	0	0	0	0	0	3	3	A	16	0,62
Essen & Trinken	B	2	●	3	2	0	0	1	2	0	0	3	3	B	16	0,6
Bewegung	C	2	3	●	1	0	0	0	0	0	0	3	3	C	12	0,52
Drogenkonsum	D	3	3	3	●	0	0	3	3	0	0	3	3	D	21	1,24
Wohnverhältnisse	E	1	0	0	0	●	0	1	2	0	0	0	0	E	4	0,8
Arbeits-bedingungen	F	1	1	1	0	0	●	0	1	0	0	1	1	F	6	2,0
Familiäres Umfeld	G	3	3	1	1	1	0	●	2	0	0	1	1	G	13	1,18
Freundeskreis	H	3	3	1	2	1	0	1	●	0	0	1	1	H	13	0,76
Geschlecht	I	3	3	3	3	1	1	1	2	●	0	3	3	I	23	0,00
Alter	K	3	3	3	3	1	2	2	1	0	●	3	3	K	24	0,00
Körpergewicht	L	3	3	3	1	0	0	1	3	0	0	●	3	L	17	0,77
Medizinische Parameter	M	2	2	2	1	0	0	1	1	0	0	1	●	M	10	0,42
		A	B	C	D	E	F	G	H	I	K	L	M			
Passivsumme PS		26	27	23	17	5	3	11	17	0	0	22	24			
AS x PS = P		416	432	276	357	20	48	143	221	0	0	374	240			

0 = keine Einwirkung
1 = schwache Einwirkung
2 = mittlere Einwirkung
3 = starke Einwirkung

Risikofaktoren menschlicher Gesundheit

AB10

Benötigte Hilfsmittel: Taschenrechner

Arbeitsanweisung:
Versuche mit Hilfe des Papiercomputers eine *Einschätzung* der Wirksamkeit der unterschiedlichen „Lebensfaktoren" auf die menschliche Gesundheit vorzunehmen.
Hierbei bedeutet:
- 0 = keine Wirkung
- 1 = schwache Wirkung
- 2 = mittlere Wirkung
- 3 = starke Wirkung

1. Wie wirkt A auf B, wie wird A von B beeinflusst? Fahre entsprechend fort mit den übrigen Faktoren. Fülle die einzelnen Kästchen mit deinen Einschätzungswerten aus.

2. Rechne anschließend für jeden Faktor die „Aktionssumme" (Addition aller waagerechten Werte pro Zeile) und die „Passivsumme" (Addition aller senkrechten Werte pro Spalte) aus.

3. Bestimme nun den Quotienten (Summe aller Aktionssummen geteilt durch Summe aller Passivsummen) und das Produkt P (Summe aller Aktionssummen mal Summe aller Passivsummen).

4. Beantworte abschließend folgende Fragen:
 a) Welcher Faktor beeinflusst alle anderen am stärksten, wird jedoch gleichzeitig von diesen am schwächsten beeinflusst? Du findest ihn, wenn du die niedrigste Q-Zahl heraus suchst. Notiere diesen Wert als „aktives Element".
 b) Welcher Faktor beeinflusst die übrigen am stärksten, wird gleichzeitig aber auch von ihnen am stärksten beeinflusst? Du findest ihn, wenn du die höchste P-Zahl heraus suchst. Notiere diesen Faktor als „kritisches Element".
 c) Welcher Faktor beeinflusst alle übrigen am schwächsten, wird jedoch auch von diesen am schwächsten beeinflusst? Du findest ihn, wenn du die niedrigste P-Zahl suchst. Notiere diesen Faktor als „ruhendes Element".
 d) Welcher Faktor beeinflusst die übrigen am schwächsten, wird aber selbst am stärksten beeinflusst? Du findest ihn, wenn du die höchste Q-Zahl heraus suchst. Notiere diesen Faktor als „reaktives Element".
Achtung: Ergibt sich für den Q- und den P-Wert eine Null, so bleibt dieses Ergebnis bei der Auswertung unberücksichtigt!

Zu Frage 4:
Aktives Element: Medizinische Faktoren...............................
Kritisches Element: Lebensstil............................
Ruhendes Element: Wohnverhältnisse............................
Reaktives Element: Drogenkonsum............................

Assoziation Gesundheit

AB11

Arbeitsanleitung:

Zeichne einen Kreis und schreibe in diesen Kreis das Wort „Gesundheit".

Schreibe nun auf, was dir **spontan** zu diesem Begriff einfällt. Wichtig ist, dass du hierbei nicht nachdenkst, sondern von dir heraus „einfach so" deine Einfälle notierst. Schreibe deine Einfälle außen um den Kreis herum, wie es auf der Skizze angegeben ist. – Du hast für diese Aufgabe maximal zwei Minuten Zeit.

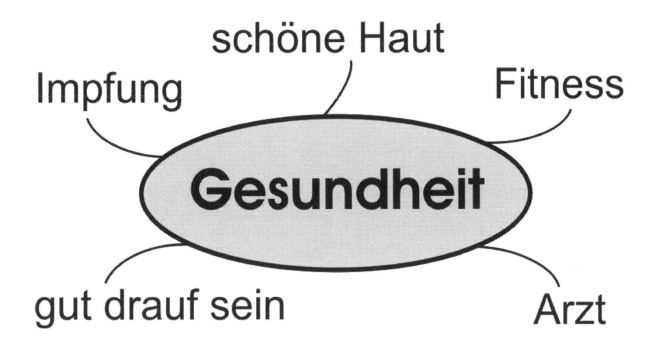

Auswertung der AB Drogen 1 – AB 7 als Mitschrift des Protokollanten, auch als Tafelbild denkbar:

„Alkohol - ist doch gar nicht so schlimm?!"

Denkrichtung	Gruppenergebnis
„gefühlsbetont" (rot)	Alkohol zerstört die Gesundheit! Alkoholkranke müssen eine Entziehungskur machen.
„neutral" (weiß)	Fakt ist: Ab 0,5 Promille sinkt das Reaktionsvermögen dramatisch. Also bei Frauen nach 0,2 l Rotwein, bei Männern nach drei kleinen Bieren (je 0,2 l).
„pessimistisch" (schwarz)	Alkohol macht auf Dauer jeden Menschen abhängig!
„optimistisch" (gelb)	Ein Glas Alkohol sollte grundsätzlich erlaubt sein. In dieser Menge richtet es keinen Schaden an.
„fantasievoll" (grün)	Die Wissenschaft entwickelt Alkohol-Ersatzstoffe, die genauso schmecken und entspannen wie Alkohol. Sie machen jedoch weder betrunken noch abhängig.
„klar" (bau)	Es dürfen nur noch Menschen Alkohol trinken, die durch Psychotests bewiesen haben, dass sie kontrolliert trinken und jederzeit aufhören können.

Auswertung zum AB 8:

Mögliche Gruppenergebnisse.

Was hat Marion wohl beschlossen?

....erst einmal keinen Alkohol mehr zu trinken.

Antworten zu den Fragen:

Zu 1.: Marion fühlt sich unwohl, sie will sich keine Blöße geben, obwohl sie Alkohol eigentlich gar nicht mag.

Zu 2.: Nein, nach dem Jugendschutzgesetz ist das Trinken von Alkohol unter 18 Jahren verboten.

Zu 3.: Sie hätte eindeutig ihre Meinung sagen soll: „Nein danke!"

Zu 4.: Vermutlich hätten wir auch das Glas ausgetrunken, da wir neugierig wären, wie der Likör schmeckt.

Zu 5.: Nein, sie war es einfach nicht gewohnt, Alkohol zu trinken.

Zu 6.: Das war gemein von Onkel Gerd! Er hätte auch sagen können: „Das habt ihr davon, dass ihr sie zum Alkoholtrinken verführt habt".

Auswertung zum AB 9:

Zu den Fragen:

Zu 2: So etwas würde die Mutter nie sagen! Unrealistische Situation.

Zu 3: Die Karikatur kehrt die zur Zeit noch vorherrschenden Verhältnisse um. In unserer Gesellschaft dürfen eher männliche Jugendliche Alkohol trinken, während Mädchen dafür getadelt werden, denn bei ihnen gilt Biertrinken immer noch als unfein oder sogar als ungehörig. Allerdings ändern sich diese gesellschaftlichen Regeln gerade.

Zu 4a: Für Jungen hat das Biertrinken in der Regel keine Folgen. Das so genannte „Komatrinken" gilt in bestimmten Jungenkreisen sogar als „schick". Die Gesellschaft toleriert dies, sogar wenn sie unter 16 sind. Dabei ist das Trinken von Alkohol für Jugendliche unter 16 Jahren verboten.

Zu 4b: Unter Mädchen war das Biertrinken bislang nicht üblich, obwohl in der letzten Zeit eine Minderheit unter ihnen dies immer häufiger tut.

Auswertung zum AB10:

Zu den Fragen:

Zu 1.: Ess-Sucht, Rauchsucht, Eifersucht, Spielsucht, Fernseh-Sucht, Alkoholsucht, Tablettensucht, Arbeitssucht („Workoholic")

Zu 2.: Nicht Aufhören-Können, den Drang verspüren, immer weiter machen zu müssen. Von dem Stoff (Tabletten, Schokolade, Alkohol…) bzw. der Verhaltensweise (zwanghaftes Spielen, zwanghaftes Fernsehen oder zwanghaftes arbeiten) nicht lassen zu können, davon abhängig zu sein.

Zu 3a): Bei der Sucht zu rauchen beispielsweise die Erkenntnis, dass dies extrem ungesund ist, sich gar nicht erst verführen zu lassen, also standhaft zu bleiben; das schlechte Vorbild der Eltern führt zu einer Oppositionshaltung („Ich nicht!").

Zu 3b): Wenn sich einer innerhalb der Gruppe weigert, z. B. nicht „mit zu trinken", kann dies zur Abwehrhaltung der übrigen Gruppenmitglieder führen, die zur Isolation des Nicht-Trinkers führen kann. Hier ist ein starkes Selbstbewusstsein erforderlich, um einen derartigen Gruppendruck auszuhalten.

Zusammenfassung der Kritikpunkte der Arbeitsgruppen

- Werbung für Alkohol ist stets nur Positiv. Sie verheißt einseitig Freude, Entspannung, Freizeitgenuss
- Der Stoff Alkohol ist total widersprüchlich
- Es wird zu viel geworben für alkoholische Getränke
- Zu liberales Umgehen mit Alkohol aller gesellschaftlichen Schichten
- Alkoholtrinken in der Öffentlichkeit, in Verkehrsmitteln ist erlaubt
- Alkoholtrinken macht lustig, heiter, entspannt, enthemmt, aggressiv
- Alkoholische Partydrinks, Alkopops schmecken, da sie süß und fruchtig und damit attraktiv sind
- Alklohol ist eine Droge, die abhängig macht
- Alkohol spielt in der kulturellen Tradition eine große Rolle (Feste, Geburtstage, Prüfungen)
- Alkoholtrinkende Eltern
- Hemmschwelle sinkt beim Alkoholtrinken
- In Kinofilmen wird zu viel Alkohol getrunken
- Wer keinen Alkohol trinkt, ist Außenseiter
- Unter Jugendlichen gilt Alkoholtrinken als cool und erwachsen
- Viele Jugendliche haben Angst, wenn sie keinen Alkohol trinken, ausgegrenzt zu werden
- Schulische Aufklärung über Alkohol fehlt
- Gesellschaftliche Rituale sind oft mit Alkoholtrinken bzw. Zuprosten verbunden

AB 11 Kritikphase

Sortieren der Kritikpunkte und anschließende Zusammenfassung zu Themenkreisen an der Tafel

- ▶ Alkohol in der Werbung
- ▶ Gesetzliche Vorgaben
- ▶ Wirkungen des Alkohols auf den Körper
- ▶ Kulturelle Bräuche
- ▶ (Ungeschrieben) Gruppenregeln – Gruppendynamik
- ▶ Alkohol als Droge

Themenspeicher

Themenkreise	Punktebewertung
Themenkreis 1: Alkohol in der Werbung	**16**
Themenkreis 2: Gesetzliche Vorgaben	**10**
Themenkreis 3: Wirkungen des Alkohols	**4**
Themenkreis 4: Kulturelle Bräuche	**8**
Themenkreis 5: Gruppenregeln	**11**
Themenkreis 6: Alkohol als Droge	**17**

BIOLOGIE Drogen | Zukunftswerkstatt Alkohol - eine unverzichtbare Droge? | | AB12

Utopiephase

Themenschwerpunkt: Alkohol in der Werbung

Visionen, Ideen, Träume

- Etiketten auf Flaschen nur noch in Schwarz-Weiß drucken. Sie dürfen nur noch Angaben über den Alkoholgehalt enthalten sowie Beispiele anführen über die Wirkung bestimmter Mengen bei ausgewählten Körpergewichten auf den Körper

- Totales Werbungsverbot für Alkoholprodukte

- Beliebte Schauspieler und Fußballstars reden in Fernsehspots und Zeitungsinterviews über ihren Alkoholmissbrauch und die damit zusammenhängenden Probleme

| | Zukunftswerkstatt Alkohol - eine unverzichtbare Droge? | | AB12 |

Utopiephase

Themenschwerpunkt: Alkohol als Droge

<u>Visionen, Ideen, Träume</u>

- Der Alkohol zerfällt durch ein neu entwickeltes künstliches Enzym im Körper sofort in Wasser und Kohlenstoff, ohne einen körperlichen Schaden zu verursachen. Dabei schmeckt er angenehm fruchtig-süß. Dieser neue Designer-Alkohol macht deshalb nur noch heiter und entspannt, jedoch nicht mehr aggressiv, oder depressiv oder gar abhängig

- Bei Partys und Geburtstagsfeiern wird nur noch der neu entwickelte Designer-Alkohol angeboten

Alkohol – eine unverzichtbare Droge?

AB12

Utopiephase

Themenschwerpunkt: Gesetzliche Vorgaben

Visionen, Ideen, Träume

- Alkoholverkauf erfolgt nur noch gegen Vorzeigen eines Ausweises über das bestandene „Anti-Drogen-Training" für Menschen über 18 Jahren

- Generelles Verbot von Alkohol in der Öffentlichkeit

- Auf allen Bier-, Wein- und Schnapsflaschen muss in mindestens drei cm großen, grellroten Buchstaben der Text stehen: Regelmäßiges Alkoholtrinken macht süchtig

Utopiephase

Themenschwerpunkt: Gruppendynamik

Visionen, Ideen, Träume

- Rollenerwartungen an Jungen und Mädchen werden ausgetauscht, z. B. Mädchen und Frauen sind nunmehr tonangebend in Partnerschaften und Gruppen

- Neue Erziehungsregeln, die in der Kindererziehung seit zehn Jahren vermittelt werden, beginnen zu wirken: Zum Beispiel d ü rfen nur Mädchen ein Gespräch beginnen

- Alkoholtrinken gilt nicht nur als unfein sondern auch als kriminell. Das Anbieten von Alkohol gilt als Verbrechen

BIOLOGIE Drogen | Zukunftswerkstatt Alkohol - eine unverzichtbare Droge? | | AB13

Realisierungsphase

Verbesserungsvorschläge

1. Schreiben an Parteien, Regierungen, an den Petitionsausschuss des Deutschen Bundestages, dass ein neues Gesetz eingebracht wird

a) zum Verbot des Alkoholtrinkens in der Öffentlichkeit

b) zur Kennzeichnung aller Flaschen, die Alkohol enthalten mit Warnhinweisen zur Suchtgefährdung

2. Stärkung der weiblichen Rolle in der Gesellschaft durch gezielte Erziehungs- und Trainingsprogramme in allen Kindergärten und Horten. Hierzu Kontaktaufnahme mit allen Ausbildungsschulen für Erzieher und Zeitungsredaktionen

BIOLOGIE Sexualität — Empfängnisverhütung — **AB1**

Anzeige

> Im Durchschnitt lieben sich Deutschlands Frauen und Männer zweimal in der Woche. Sie würden also bei einem Verhütungsmittel wie Patentex oval, das nur bei Bedarf angewendet wird, mit nur zwei Schaum-Ovula pro Woche zuverlässig geschützt sein.
>
> Das Schaum-Ovulum wird tief in die Scheide eingeführt, wie ein Tampon. Durch die natürliche Körperwärme schmilzt es und bildet nach 10 Minuten einen feinen, dichten Schaum, der die Spermien durch einen speziellen Wirkstoff befruchtungsunfähig macht und gleichzeitig eine stabile Barriere in der Vagina bildet.
>
> Durch diese doppelte Wirkung bietet Patentex oval bereits nach 10 Minuten zuverlässigen Schutz. Vor jedem weiteren Verkehr ist ein neues Ovulum einzuführen, um nach 10 Minuten wieder geschützt zu sein.
>
> Für alle Frauen, die ein Verhütungsmittel nur dann anwenden wollen, wenn sie es wirklich brauchen, gibt es mit Patentex oval also eine angenehme Alternative.
>
> Denn es schützt zuverlässig, ohne dass man es täglich anwenden muss.

Patentex oval ® Intravaginale Empfängnisverhütung. Patentex oval ist gut verträglich. In einzelnen Fällen kann es zu einem vorübergehendem Wärmegefühl kommen.

Intravaginal = in der Scheide drin

Ovulum = eigentlich Ei, Eizelle; hier jedoch in der Bedeutung „Zäpfchen"

Arbeitsaufträge:

1. Beschreibe die Anwendung von *Patentex oval*!

   Das Zäpfchen wird tief in die Scheide eingeführt, wo es schmilzt und und nach 10 Minuten einen dichten Schaum bildet, der die Samenzellen befruchtungsunfähig macht.

2. Welche Aussagen über die Wirksamkeit von *Patentex oval* werden in der Anzeige gemacht?

   Das Mittel wirkt schon nach 10 Minuten zuverlässig, da es nicht nur die Spermien abtöt, sondern auch eine stabile Barriere in der Vagina bildet.

BIOLOGIE Sexualität

Empfängnisverhütung

AB2

> ## „Es laufen immer mehr Patentex-Kinder herum"
> **Berliner Verbraucher bezweifeln den Begriff „Zuverlässigkeit" in der Werbung mit dem Verhütungsmittel**
>
> Verena F. war angetan vom Werbetext in der Illustrierten, als sie nach Alternativen zur Anti-Baby-Pille Ausschau hielt. „In Ihrer Liebe sind Sie sicher. Und wählen *Patentex oval*. Zuverlässig wie die Pille." Ein strahlendes Glück untermalte die Anzeige. Anderthalb Jahre benutzte die junge Frau *„Patentex oval"*, das Schaumovulum, die „bewährte Verhütungsmethode" der Patentex GmbH in Frankfurt. Bis vor einem Jahr. Dann wurde sie schwanger. Das vor wenigen Monaten geborene Kind gab sie zur Adoption frei.
>
> Eine Regierungsrätin aus Westfalen beschrieb Dr. Möbius, dem verantwortlichen Redakteur des renommierten Berliner „arznei-telegramm" mit Sitz in der Zehlendorfer Albertinenstraße, exakt Anwendung und Häufigkeit ihres Gebrauchs von *„Patentex oval"*. Nicht, dass sie etwas falsch gemacht hätte, aber: „Vor fünf Wochen bin ich glücklich niedergekommen."
>
> Die Zeitschrift „Eltern" startete zu dem Thema eine Umfrage. Von 60 Briefeschreiberinnen zeigten sieben an, trotz *„Patentex oval"* schwanger geworden zu sein. Beschwerden sich betrogen fühlender Frauen begegnete die Patentex GmbH mit dem Hinweis, eine Schwangerschaft sei auf eine falsche Anwendung zurückzuführen. Nur daran könne ihrer Meinung nach ein eventuelles Versagen liegen. Sowohl die betroffene Frau eines süddeutschen Arztes als auch die westfälische Regierungsrätin verwahren sich in Briefen energisch dagegen.
>
> Für Dr. Möbius vom „arznei-telegramm" ist der Gebrauch von Ovulums ein „Roulettspiel". Es sei unverantwortlich, mit dem Begriff „zuverlässig" zu werben, da „immer mehr Patentex-Kinder herumlaufen."
>
> (aus: Der Tagesspiegel)

Arbeitsaufträge:

1. Vergleiche die Aussagen des Zeitungsberichtes mit den Versprechungen in der Werbeanzeige!
   Die Werbeanzeigen behaupten, Patentex sei so sicher wie die Pille, also eine bewährte Verhütungsmethode. Zahlreiche Frauen berichten demgegenüber, dass sie trotz richtiger Anwendung schwanger geworden sind.

2. Worauf ist die geringe Sicherheit chemischer Verhütungsmittel (Schaumsprays, Vaginalzäpfchen und Vaginalcremes) zurückzuführen?
   Es kann vorkommen, dass die Vagina nicht völlig mit dem spermiziden Schaum ausgefüllt wird, so dass eindringende Spermien nicht abgetötet werden, sondern am Vaginarand durchkommen und ein bereites Eii befruchten.

Empfängnisverhütung — AB 3

Arbeitsaufträge:

1. Wie wirkt die „Pille danach"?
   Sie ist bis maximal 72 Stunden nach dem Geschlechtsverkehr einzunehmen.
   Sie verzögert oder verhindert den Eisprung, beeinflusst auch den Transport von Ei- und Samenzellen und verhindert auch die Einnistung der befruchteten Eizelle in die Gebärmutter.

2. Wie bekommt man die „Pille danach"?
   Da sie rezeptpflichtig ist, muss man in eine (Notfall-)Ambulanz oder in die Arztsprechstunde gehen, um sich das Rezept ausstellen zu lassen.

3. Wie unterscheidet sich die „Pille danach" biologisch von der „Abtreibungspille RU 486"?
   Die „Abtreibungspille" führt im Gegensatz zur „Pille danach" zum Absterben des bereits in der Gebärmutter eingenisteten Eies.

Schwangerschaftsabbruch

AB4

Die Leibesfrucht spricht

„Für mich sorgen sich alle: Kirche, Staat, Ärzte und Richter. Ich soll wachsen und gedeihen; ich soll neun Monate schlummern. Ich soll es mir gut sein lassen sie wünschen mir alles Gute .Sie behüten mich. Wer mich anrührt, wird bestraft. Meine Mutter fliegt ins Gefängnis, mein Vater hiernach.. Der Arzt, der es getan hat, muss aufhören, Arzt zu sein. Die Hebamme, die geholfen hat, wird eingesperrt ich bin eine kostbare Sache. Für mich sorgen sie alle: Staat, Ärzte und Richter. Wenn aber diese neun Monate vorbei sind, dann muss ich sehen, wie ich weiterkomme. Die Tuberkulose? Kein Arzt hilft mir. Nichts zu essen? Keine Milch? Kein Staat hilft mir.- Qual und Seelennot? Die Kirche tröstet mich, aber davon werde ich nicht satt. Und ich habe nichts zu brechen und zu beißen, und jetzt stehle ich. Gleich ist der Richter da und setzt mich fest. 50 Lebensjahre wird sich niemand um mich kümmern, niemand. Da muss ich mir selbst helfen.
Neun Monate bringen sie sich um, wenn mich einer umbringen will. Sagt selbst: Ist das nicht eine merkwürdige Fürsorge?"

Kurt Tucholsky, Anfang des 20. Jahrhunderts

Arbeitsauftrag:

1. Versuche, dich in die Situation des Textes hinein zu versetzen. Was empfindest du?

    Weder der Staat noch die Kirchen waren damals bereit, Familien mit Kleinkindern, die kein Geld hatten, finanziell zu unterstützen. In dieser Zeit hätte wenigstens eine Abtreibung legal und kostenlos sein müssen.

2. Wie würdest du reagieren?

    Ich hätte auch keine Lösung!

Pornographie

AB 5

Am Beispiel des Gemäldes „Der Ursprung der Welt" von Gustave Courbet aus dem Jahr 1866 sollt ihr zu zweit (oder in der Gruppe) über Pornografie diskutieren. Als zusätzliches Arbeitsmaterial ist ein Brief einer Zeitungsleserin abgedruckt, die sich über den Abdruck des Gemäldes anlässlich einer Courbet-Ausstellung im Berliner „Tagesspiegel" beschwerte. Ein Protokollant soll die formulierten Aussagen notieren. Die folgenden Fragen sollt ihr im Verlauf der Diskussion beantworten:

1. Was bedeutet Pornografie strafrechtlich?
   Der BGH definiert Pornografie als „die aufdringliche, vergröbernde, aufreißerische, verzerrende, unrealistische Darstellung, die ohne Sinnzusammenhang mit anderen Lebensäußerungen bleibt..."
2. Was bedeutet Pornografie für jeden einzelnen von euch?
   Pornografie ist
   - *sexuell erregend*
   - *ekelig*
   - *unappetitlich*
3. Äußert euch zur Meinung der Briefschreiberin!
   Die von ihr kritisierte Abbildung ist ein Gemälde aus dem 19. Jahrhundert. Sie sollte so viel Toleranz aufbringen, dass sie den Abdruck eines solchen Bildes akzeptieren kann.

Leserbrief

Ich bin langjähriger Leserin Ihrer Zeitung, aber seit dem 29. Mai muss ich diese Entscheidung schon fast in Zweifel ziehen. Diese obszöne Seite in einer seriösen Zeitung, für die ich den Tagesspiegel gehalten habe, grenzt ja wohl an Pornografie. Ist es so wichtig für Sie, sich der Boulevard-Presse zu nähern? Ich dachte, dass Sie das nicht nötig hätten; die Berichte über die entsprechenden Themen hätten ja wohl auch gereicht.
Waltraut Kraft, Berlin-Tempelhof

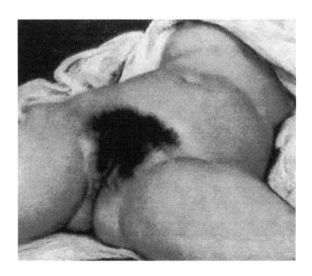

Ausgesprochen unaussprechlich

AB6

Arbeitsmaterial: Jeweils etwa 60 Zettel in den Farben blau, rot, rosa im Format DIN-A6 (oder die Zettel sind mit Filzstiften in diesen Farben kenntlich gemacht).

Arbeitsanweisungen:
1. Schreibt nun alle euch bekannten Bezeichnungen für Penis (Farbe blau), Vagina (Farbe rot) und Coitus (Farbe rosa) auf die entsprechenden Farbzettel, je Zettel nur ein Begriff. Hierbei soll es euch egal sein, ob euch die Worte gefallen oder nicht.

Penis	Vagina	Coitus
Schwanz	Fotze	Bumsen
Puller	Loch	Vögeln
Ständer	Muschi	Pimpern

2. Anschließend werden die Zettel eingesammelt, gemischt und unter die jeweiligen Oberbegriffe an die Tafel geklebt. Der Lehrer (oder ein Schüler) liest alle Begriffe einmal laut vor, um mögliche Hemmungen der Schüler weiter abzubauen.
3. Schließlich kann jeder Schüler ohne Aufruf nach vorn kommen und diejenigen Begriffe, die ihm nicht gefallen, abnehmen.

Auswertung:

1. Warum habt ihr bestimmte Begriff abgehängt?
   Einige Wörter (z. B. Fotze, Loch) klingen ordinär, ekelig, unangenehm, abwertend oder auch brutal (z. B. Bumsen)

2. Welche Begriffe gefallen euch? Welche wollt ihr in Zukunft mit wem verwenden?
   Es gibt Wörter, die offenbaren Gefühle (wie Muschi) oder auch positive Empfindungen (z. B. miteinander schlafen)

BIOLOGIE Sexualität

Typisch männlich - typisch weiblich !?

AB 7

Was ist typisch männlich? Was ist typisch weiblich?

1. Kreuze bei den einzelnen Gegensatzpaaren jeweils die Nummer an, die deiner Meinung nach zutrifft.
(3 = trifft sehr zu; 2 = trifft zu; 1= trifft wenig zu; 0 = ich kann mich nicht entscheiden)

2. Verwende für den Mann einen blauen Stift und für die Frau einen roten.

3. Verbinde die Kreuze des Mannes bzw. der Frau mit einer durchgehenden Linie in der entsprechenden Farbe.

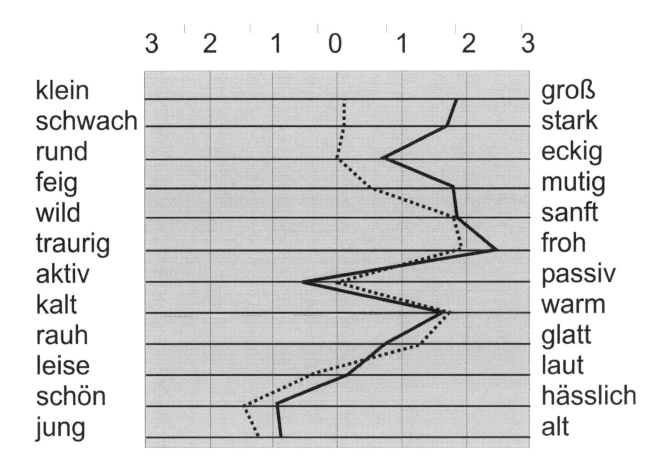

Mann ··········
Frau ———

BIOLOGIE Sexualität

Typisch männlich - typisch weiblich

AB 8

Junge oder Mädchen?

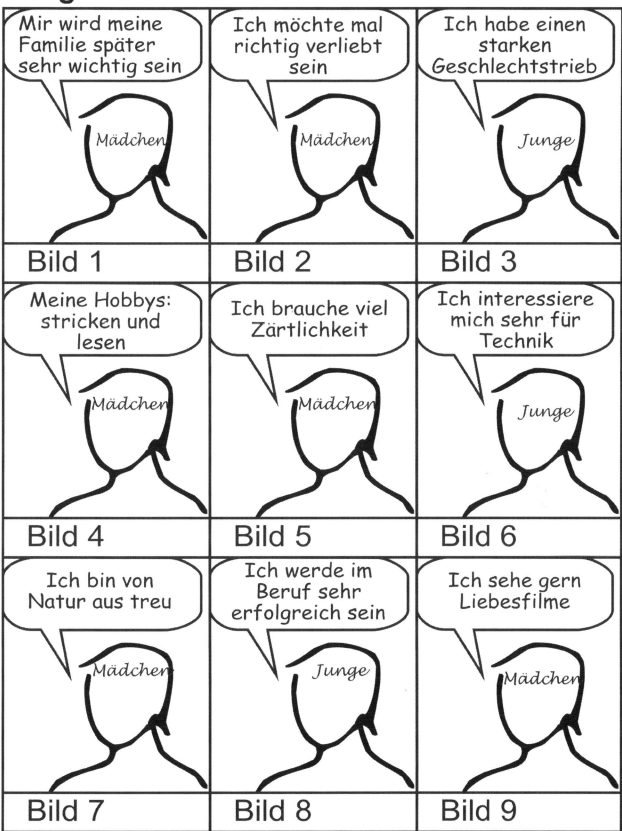

Wenn Du der Meinung bist, dass der Satz typisch für Mädchen ist, schreibe in den Kopf das Wort „Mädchen", wenn du ihn eher einem Jungen zuordnen würdest, schreibe das Wort „Junge".

Bau eines Liebeshauses

AB9

Arbeitsmaterial: pro Teilnehmer etwa 6 - 8 farbige Papierstreifen von ca. 15 cm Länge und ca. 2 - 3 cm Breite; Klebstoff, eventuell Pappe als Unterlage

Arbeitsanweisung:
1. In Einzelarbeit soll zunächst jeder auf die Streifen Begriffe schreiben, die für ihn/sie für eine Partnerschaft wichtig sind; für jeden Streifen nur ein Begriff!
   Gruppe 1: *Selbständigkeit, Freiräume, gemeinsame Interessen, Rücksicht, Freude, Lust, materielle Sicherheit, Gesundheit, Erotik, Freunde, Mut, Zärtlichkeit, Diskussionsfähigkeit, Wärme, Liebe, Vertrauen*
   Gruppe 2: *Geduld, Romantik, Geborgenheit, Spass, Streit, Respekt, gemeinsame Interessen, Zusammenhalten, Spontaneität, Kinder, zusammen Essen, Offenheit, Toleranz, Sex, Zärtlichkeit, Vertrauen, Zuneigung, Liebe, Unterstützung, verbotene Früchte*
   Gruppe 3: *Zueinander Stehen, Liebe, gemeinsame Interesse, Fantasie, Diskussionsfähigkeit, zusammen Essen, Liebe, Offenheit, Respekt, Akzeptanz, Lust, Toleranz, Zärtlichkeit, Verständnis, Freiraum lassen, Vertrauen*

2. Wenn alle fertig sind, werden Kleingruppen von 4 6 Teilnehmern gebildet, die sich in eine ruhige Ecke zurückziehen. Die Gruppe hat den Auftrag, mit ihren verschiedenfarbigen Papierstreifen ein Haus der Liebe zu bauen. Zuvor sollen die Teilnehmer diskutieren, an welche Stelle des Hauses die einzelnen Papierstreifen gehören. Dazu müssen diese erst von allen gelesen und verglichen werden. Dann soll gemeinsam überlegt werden, was alles zu einem Haus gehört, wie z. B. Fundament, Stützmauern, Haustür, Dach, Garten usw.
3. Auf einer Unterlage wird nun gemeinsam das Haus errichtet entweder als Bild oder auch dreidimensional.

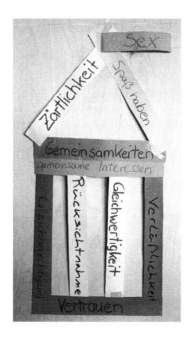

4. Wenn alle fertig sind, werden die Liebeshäuser dem Plenum vorgestellt, wobei die jeweilige Gewichtung oder der gewählte Baustil deutlich werden soll.

Fragebogen Sexualität — AB 10

Mädchen O Junge O Kreuze an!

1. Was verstehst Du unter dem Begriff »sexuell«?
Geschlechtlichkeit

2. Welche Teile gehören zu den Geschlechtsorganen des Mannes?
a) innere: Hoden
b) äußere: Penis, Hodensack

3. Welche Teile gehören zu den Geschlechtsorganen der Frau?
a) innere: Eierstöcke, Eileiter, Gebärmutter, Scheide
b) äußere: Große und kleine Schamlippen, Scheidenausgang

4. Unter welchem Namen sind Dir die Geschlechtsorgane bekannt
a) des Mannes: Schwanz, Ständer, Penis
b) der Frau: Scheide, Vagina, Möse

5. Ab welchem Alter erhält man die Pille? Besuch des Frauenarztes ist notwendig. Dieser entscheidet individuell nach Gegebenheit.

6. Welche Bücher sind Dir bekannt, die über die menschliche Sexualität informieren? „Wer „a" sagt... muss auch zärtlich sein!" (Fachverlag für Pädagogische Informationen, Braunschweig)

7. Woran merkt ein Mädchen, dass es geschlechtsreif ist?
Brüste und Schamhaare beginnen zu wachsen

8. Woran merkt ein Junge, dass er geschlechtsreif ist?
Unwillkürlicher Samenabgang in der Nacht

9. Warum haben manche Menschen Schuldgefühle, wenn sie onanieren?
Da ihnen eingeredet wird, dies sei unzüchtig, unrein, unmoralisch

10. Bei welchem Verhütungsmittel kannst Du die Anwendung beschreiben?
Beim Präservativ: Der wird vorsichtig über das steife Glied so abgerollt, dass vorn etwas Platz bleibt für die abgespritzten Spermien

11. Über welche Fragen der Sexualität, die Dich interessieren, möchtest Du im Rahmen des Unterrichts gern informiert werden?
Geschlechtsverkehr, Abtreibung, Orgasmus

Auswertung zum AB 11:

Mögliche Antworten auf die Leserbriefe der „Bravo":

Zu Veras Brief:
▶ Die erste Pille wird am 1. Tag der Regel eingenommen und dann insgesamt 21 Tage lang. Danach machst Du fünf Tage lang Pause mit der Pilleneinnahme, bevor Du erneut mit der Pilleneinnahme beginnst. In dieser Reihenfolge verhütet die Pille sicher eine Empfängnis.
▶ Wenn Du die Pilleneinnahme mal einen Tag vergisst, nimm sie am folgenden Tag Im üblichen Rhythmus weiter. Der Empfängnisschutz ist trotzdem gewährleistet.
▶ Du solltest die Pille jeden Tagen etwa zur selben Zeit einnehmen, also z. B. zum Frühstück.

Zu Roswithas Brief:
▶ Du musst erst einmal ein Vertrauensverhältnis zu Deinem Freund herstellen. Dann kannst Du auch das AIDS-Thema ansprechen und versuchen, offen darüber und über die Verwendung von Kondomen reden.

Zu Biancas Brief:
Schuldgefühle sind bei Selbstbefriedigung völlig unnötig. Sich selbst zu befriedigen ist normal und unschädlich, auch wenn Du es häufiger tust. Auch dies ist in Deinem Alter normal. Übrigens: Niemand kann an Deiner Nasenspitze ablesen, ob Du es tust.

Zu Doris´ Brief:
▶ Dein Freund hat keinen extrem kleinen Penis. Wie die Körpergröße sind auch andere Körperteile unterschiedlich groß. Mit 19 Jahren ist allerdings das Wachstum Deines Freundes bereits beendet. Für die Befriedigung einer Frau ist die Länge des Penis weniger wichtig als zärtliche Berührungen und Gefühle.

Zu Alices Brief:
▶ Der von Dir angesprochene Ausfluss ist eine völlig harmlose Körperabsonderung. Du solltest allerdings während dieser Zeit eine besondere gute Körperhygiene betreiben. Die erste Regel setzt bei Mädchen durchschnittlich zwischen dem 11. und 14. Lebensjahr ein. Ein Grund zur Besorgnis besteht bei Dir also nicht. Unabhängig davon könntest Du natürlich auch einmal zu einer Frauenärztin gehen, um Deinen Entwicklungsstatus untersuchen zu lassen.

Zu den weiteren angesprochenen Themen:
▶ Was Du beschreibst, sind meist harmlose Pickel. Wenn es Dich beruhigt, kannst Du auch zu einem Hausarzt gehen, um ihm diese Stellen zu zeigen.
▶ Deine Symptome haben absolut nichts mit AIDS zu tun. Kopfschmerzen und Abgeschlagenheit gehören auch einmal zum Leben eines Menschen wie gute Laune. Wenn es Dich beruhigt, kannst Du zu Deinem Hausarzt gehen und ihm Deine Beschwerden schildern.

▶ Du brauchst Dir wirklich keine Sorgen zu machen. In Sachen Freundschaft und Liebe geht es nicht um einen Wettbewerb, sondern um Gefühle. Bei der einen ergibt sich so eine Beziehung früher, bei der anderen eben später. Wichtig ist, dass Du nicht verkrampft, sondern offen bist, wenn Du mit Jungen und Mädchen zusammen bist.

Auswertung des AB 12:

Was ist für dich Liebe?

- Für mich ist es das wichtigste, dass ich mit meinem Freund reden kann (Sonja, 17)
- Wenn alles passt, wenn alles überein stimmt (Thomas, 15)
- Die „große Liebe" gibt es nicht. Die perfekte Beziehung gibt es nicht (Christoph, 16)
- Liebe ist, wenn sich zwei einfach so gern haben, dass sie über Fehler hinweg sehen (Michaela, 15)
- Kribbeln im Bauch; ich möchte am liebsten die ganze Zeit mit ihr verbringen (Michael, 15)
- Die Aufregung, wenn wir uns sehen (Alex, 15)

Auswahl von Schülerantworten (10. Schuljahr)

Hintergrundinformationen im Band „Zeitgemäßer Biologieunterricht"

Nummer des AB	Hintergrundinformation im „Zeitgemäßen Biologieunterricht"
Kapitel 1 – Ökologie und Umwelt 1	S. 67ff
2	S. 267ff
3	S. 285ff
4	S. 281ff; S. 289
5	S. 289
6	S. 296ff
7	S. 304ff
8	S. 307f
9	S. 307f
10	S. 307f
11	S. 309
12	S. 171
13	S. 300ff
14	S. 300ff
15	S. 300ff

Kapitel 2 – Anpassung und Verhalten 1	S. 158ff
1a	S. 548ff
2	S. 217
3	S. 212ff
4	S. 233ff
5	S. 228f
6	S. 228f
7	S. 228f
8	S. 233f
9	S. 233f
10	S. 238f
11	S. 238f
12	S. 242ff
13	S. 247
14	S. 247
15	S. 399ff
16	S. 399ff
17	S. 399ff
18	S. 399ff
19	S. 399ff
20	S. 399ff
21	S. 243ff; S. 431f

Kapitel 3 – Arbeitstechniken 1	S. 433ff
2	S. 440
3	S. 440ff
4	S. 446ff
5	S. 446ff
6	S. 452ff

Kapitel 4 – Genetik 1	S. 515ff
2/1	S. 187ff
2/2	S. 187ff
3	S. 180ff
4	S. 180ff

Kapitel 5 – Gesundheit 1	S. 86
2	S. 98f
3	S. 106f
4/1	S. 106f; S. 109
4/2	S. 106f
5	S. 106f
6	S. 114f
7	S. 114f
8	S. 87
9	S. 408ff
10	S. 474ff
11	S. 88

Kapitel 6 – Drogen 1	S. 53ff
2	S. 53ff
3	S. 53ff
4	S. 53ff
5	S. 53ff
6	S. 53ff
7	S. 53ff
8	S. 128
9	S. 130f
10	S. 132ff
11	S. 412ff
12	S. 412ff
13	S. 412ff

Kapitel 7 – Sexualität 1	S. 356f
2	S. 356f
3	S. 356ff
4	S. 357ff
5	S. 363ff
6	S. 365f
7	S. 365ff
8	S. 365ff
9	S. 370f
10	S. 379f
11	S. 346f
12	S. 370f